一看就懂！大師開運祕術

宏壹居士◎著

序一

一個人，往往都在希望中生活，在失望中度日。這話聽起來帶有點「悲」的感覺，其實人生也不就是這樣嗎！一個人常常有無限的希望，希望自己有個好工作，希望自己能賺很多的錢，希望自己能嫁個好老公，但希望得到的東西，畢竟較少，失望的較多。不過你還得生活，還得過日子，人也就是有無限的希望，也才有無限的生活，就算是你沒達到，還是要自在過活著，不是嗎？如果人一直在這希望與失望的當中周旋，也是一件痛苦的事。

當今之下，就是要有一個「明人」，所謂明人就是真正明白這方面道理的人，而不是一些術士。這樣才能在我們摸索當中，指引我們把我們帶到一個正確的方向，朝著正確方向走去，就會省很多路，不會徘徊在迷惑的十字路中，走了又走，回了又回，不僅讓你傷神、傷心又傷錢。我本人也是一個不信邪的人，當有事情發生了，又發生在你的身上，你就會覺得找一個「明人」很重要的。

我是一個電影導演，我拍過不少電影，如台大校園的故事「鐘聲二十一響」，享譽大陸的「媽媽再愛我一次」等，在大陸也有相當的名氣。黃老師是我一個很要好的朋友，我一直看著他成長，他當過我的製片，拍了很多的電影。他一直對易經八卦的研究，都很專注。他是一個努力、執著、專研有修行的人，做事專心、負責有條理，每天都有固定的禪修時間。記得有一次到海南島排秀，被陷害出事了，被綁架。突然打電話向我求救，我一時也想不出辦法來，後來還是他自己應用所學的易經卜卦，幫自己解圍了，我不得不佩服他。有一次我自己也出了狀況，經他指點解圍了。到現在對那件事的發生，自己還有些莫名呢！

黃老師所書寫的《一看就懂，大師開運祕術》一書，都是一些他這多年來，所處理的真實經驗。難得是他把生活中的事，用易經來解釋，把衣食住行都納入書內，其中飲食開運法，連穿著佩戴、行的開運都寫出來。當然住宅部分更是重點，最難得的是根據他的鑽研，發明了諸葛神卦DIY轉盤，讓每個人都可以嘗試，自己來替自己開運，這也屬首創。其他的開運法門不計其數，可見他對五行開運的精通，及博覽群書閱讀的功力，非一般人所能比擬，他還榮聘到東吳大學未來學科系，指導碩士學生易經卦理，這也非一般術士所能及，由此證明他是個有真材實料的「明人」。

這些年來，看見他的努力，看他的成長、茁壯，心有無限的祝福。今見好友出書，能有此成就，欣然自己並沒有帶錯人，他成功了、有成就了，也是我們的光榮！

台灣電影導演　柳松柏

序二

其實個人的財富，是決定於個人的福報，而個人的福報，是決定於個人所作所為的因果業力，並非用心計較、設計圖謀可取得；倘若富貴可平白無故求得，那人世間就沒有貧窮了，是不是？

六親眷屬，不是來報恩就是來索債的，眾生相續，都是依照因果業力的律法規則，才來成為眷屬的；陽間有負恩之人，陰間就無不償之債。一個人能夠出生在富豪之家，那是他前生修善得來的，今生才能享此福報；若恃富欺貧、為富不仁，則必損其福德，終必轉富為貧。

人心多障礙，一切境界皆由心造，如果能言語規勸從善，或著作、助印善書，去除心中障礙，諸惡莫作，眾善奉行，心存善念，淨化人心，必得人天之福，必能轉病為健，轉窮為達，轉禍為福，終必轉貧為富。

積善之家必有餘慶，積惡之家必有餘殃，現在所受之苦報，乃是前造之業，斷一切惡念，修一切善事，才能改造命運。為善之人，福報雖然未到，但災禍已經遠離；為惡之人，災禍雖然未到，但福報已經遠離；廣積陰德，必有後福。但是「滿招損，謙受益」，修善造福，務必謙虛、恭敬、忍讓，方能保持善果；否則貢高驕慢，還是不能積存善功。

現在整個世界大環境的經濟不景氣，造成社會、國家動盪不安、人心惶惶；加上多年來政府高層官員帶頭貪污，顛倒是非，黑白不分，道德沉淪，使整個台灣的經濟、教育、治安、道德觀等嚴重敗壞，害得國人苦不堪言。

新政府想要一一改善整個國家局勢，也需要一段時間，在這段動盪不安的時局裡，我們小老百姓除了行善積德外，要如何運用後天的磁場來改變個人的運勢？

本書作者宏壹居士黃老師，不吝願意把近二十年來所研習易卦命理的經驗，把磁場開運的密法公開於世，實為世人之幸，國人之福；是這個黑暗期的明燈，我們可以拭目以待此書的完成，是一本利益大眾的好書，從改善個人的運勢，進而改善整個社會國家的景氣，只要是利益眾生的都是功德善業，但願此書能幫助更多有緣的讀者，功德無量。

東吳大學教授　盧瑞陽

自序

宏壹居士俗名黃子秤，正值知天命之年，研習易經卜卦、風水命理近二十四年，在台中開設宏壹易經卜卦中心已有十八年，修持宇宙法有十四年，並創辦宇宙法學會，提供道場免費教導宇宙法「身」、「心」、「靈」的修行，本著人飢己飢，人溺己溺的修行者慈悲心懷，做為從事易卦命理、修行助人、待人處世的依據；也是這一世我所帶來的大命。

當今坊間出了不少的開運書籍，尤其是一些大師級的老師所寫的書大多數都是加封套的，無法先翻閱後再決定買不買，往往是抱著：「有名氣大師的大作，內容一定有看頭。」的信心，一口氣幾本都買回來，看完了以後才後悔，花那麼多錢，卻得不到什麼開運的學識，或者開運的好方法，甚至所介紹的開運方法，盡是一些諧音造句、意念觀想的方法，如「馬到成功」所以擺馬，「年年有餘」藉「餘」和「魚」字的諧音所以擺魚的字畫，蝙蝠的「蝠」和「福」字諧音同，「鹿」和「祿」同諧音，所以擺附有「蝙蝠」、「鹿」的圖騰器具，但卻不知和「勞碌命」的「碌」也是同諧音，取壽桃的「壽」字，所以加壽桃的圖騰就能長命百歲，你信嗎？「發財樹」、「開運竹」、「招財貓」……等等，這些都只是商人為了產品好銷售，慣用的伎倆。

但是身為一個命理大師，怎能和一般商人一樣，沒有運用一點易經、命理的學術根據，就跟隨人家信口開河，如此真能改運嗎？還大言不慚的說是開運招財密招。不知大師是「嵌步」留一手？還是手上招數如此而已？

「易經」指的是宇宙萬物變化的道理；「易」者「變」也，「經」者「道」也；「易經」是宇宙萬物變化自然的道理；所以宇宙萬物在變化過程中，都有他的軌跡可循，一有變化就有吉凶結果產生，先賢就是發現了這個道理，一方面用來教化子孫、修行悟道，一方面用來卜卦趨吉避凶，從伏羲、黃帝、堯、舜、禹、文王、周公、孔子、孔明、王禪祖師等………代代相傳，是我們後代中華兒女之福，讓我們也能修行、趨吉避凶。

不論任何宗教的修練，在眾生未修練到究竟，成仙成佛前，各有業障因果，故受到先後天之磁場所干擾，所以會有各種不順；六道之空間、各宗教修練、宗派之教義、宇宙自然道理、以及常人的待人處世相對之道，都離不開「易經」的道理。

總之，運用易經的道理，要修練，要化解兇煞，趨吉避兇，招財解厄，就要了解易經之「道」，無所不卜，無所不解，無所不順。「易經」是聖賢所發現流傳下來，如果傚仿聖賢所留下來的卦理，幫人趨吉避凶、教化人心，便是功德；除非是利用「易經」招搖撞騙，那才是真的罪過！

這些也只能留給讀者們去感受評判，現在的時代要的不是虛有其名，而是真材實料，本書所公開的開運方法，大多數是十幾年來，使用過應驗的經歷，或者卜卦印證過；宏壹居士堪輿過的陽宅，在化煞修改前，一定要先卜卦，卦象得到財丁兩旺之卦象，表示如此化解是圓滿的；如果是財旺損丁或者是丁旺損財，表示還有其他問題，或者化解的器具不夠或不適合，可從卦象看出問題所在對症下藥；這樣才不負主人家花錢請老師的用意和信任。

讀者可視本書為珍藏本、傳家寶，因為本書所公開的開運方法，都是有易經、太極、八卦、天象時運、地理磁場、人倫命理等為根據，希望和本書有緣的人，運勢都能得到改善和幫助。

宏壹居士　黃子秤

第一章 先天本命開運法

第四章 器具開運法

第五章 特殊開運祕法 139

第六章 開運印章

第一章
先天本命開運法

任何一種開運方法，皆離不開平衡先天本命的不足，再以後天人、事、物的磁場加持；或者直接以後天人、事、物的磁場加持；這些磁場的加持運用，都離不開【易經】的道理；【易經】的道理就是宇宙自然的道理；只要未修行到無極天「佛」的境界，就離不開太極的陰陽相對，八卦卦氣的對置，天干地支、五行的沖合生剋之影響。

以下是根據先天命格之日天干所居而排出旺財、旺貴人、旺文昌、旺桃花、旺運之方法，只要你把自己的農曆生日的年月日，對照萬年曆，找出「日的天干」就是日元、元神。

如農曆民國四十七年十月十日生，對照萬年曆就是戊戌年癸亥月辛丑日生，辛丑日的「辛」就是日元、元神。

第一節 旺財氣

雖然錢財是身外之物，「錢財不是萬能，但是沒有錢財卻萬萬不能。」只要是人，都需要錢財，包括修行者，甚至出家師父，不執著不代表不需要，除了先天的功德福報、債主業報影響外，當然需要藉助後天的磁場能量加持。

這幾年來經濟景氣不穩定，加上最近的世界金融風暴，股票大暴跌；幾年前宏壹居士已經有預言過，歐美國家會開始走下坡，黃種人尤其是中國人會開始抬頭強壯起來，這是天運走八運、艮卦黃土運、少男運的關係。

所以整個世界的景氣要好轉起來，必須要個個國家能經濟好轉起來，國家經濟要好轉起來，更需要人民個體戶財氣旺起來，才能環環相扣帶動起來；以下每個人可以依個人的本命元神對照，配戴或擺設所屬之器具來旺財氣。

一、如果您的元神是甲：可以配戴虎的玉石項鍊；或者在屋宅之寅方放置木衣、書櫃或綠盆栽或木雕貓。

二、如果您的元神是乙：可以配戴兔的玉石項鍊；或者在屋宅之卯方放置木衣、書櫃或綠盆栽或木雕兔。

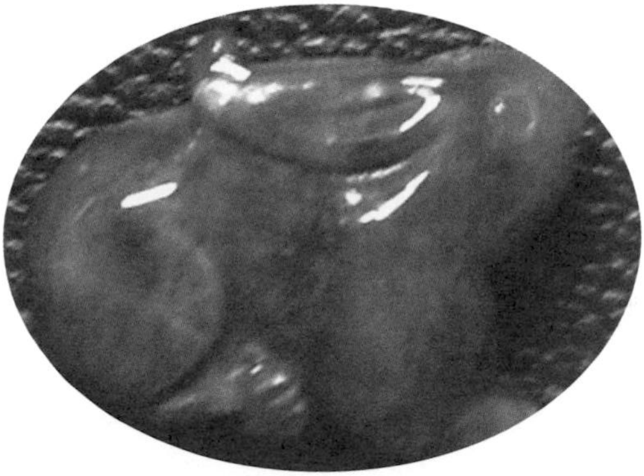

三、如果您的元神是丙：可以配戴蛇的玉石項鍊；或者在屋宅之巳方放置紫晶洞，或點孔明八卦財神燈或蛇。

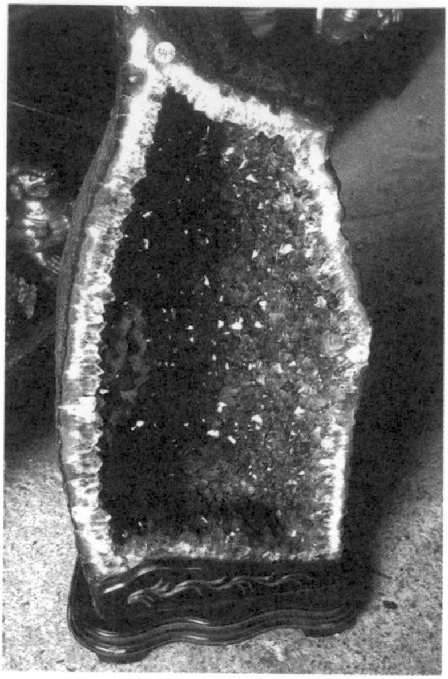

四、如果您的元神是丁：可以配戴馬的玉石項鍊；或者在屋宅之午方放置紫晶洞，或點孔明八卦財神燈或馬。

五、如果您的元神是戊：可以配戴蛇的玉石項鍊；或者在屋宅之巳方放置紫晶洞，或點孔明八卦財神燈或蛇。

六、如果您的元神是己：可以配戴馬的玉石項鍊；或者在屋宅之午方放置紫晶洞，或點孔明八卦財神燈或馬。

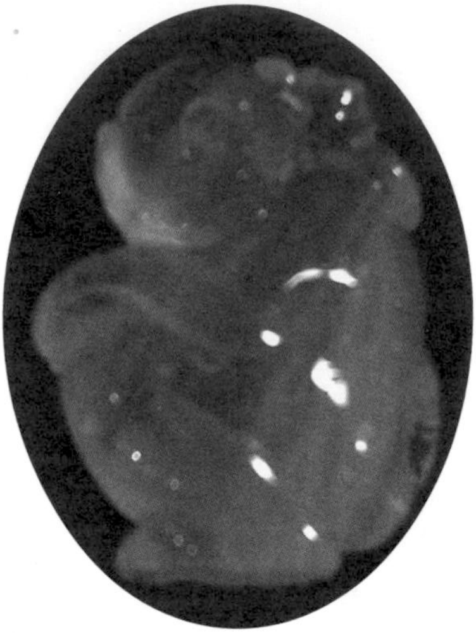

七、如果您的元神是庚：可以配戴猴的項鍊；或者在屋宅之申方放置銅音時鐘或機械或者點置孔明八卦財神燈或金屬猴。

八、如果您的元神是辛：可以配戴雞的項鍊；或者在屋宅之酉方放置銅音時鐘或機械或點孔明八卦財神燈或金屬雞。

九、如果您的元神是壬：可以配戴豬的玉石項鍊；或者在屋宅之亥方放置風水輪，或水族箱或飲水機或點孔明八卦財神燈或豬。

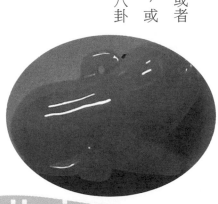

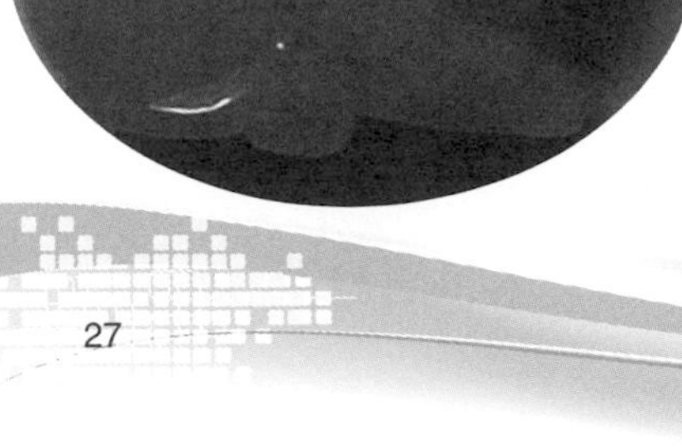

十、如果您的元神是癸：可以配戴鼠的玉石項鍊；或者在屋宅之子方放置風水輪，或水族箱或飲水機或點孔明八卦財神燈或鼠。

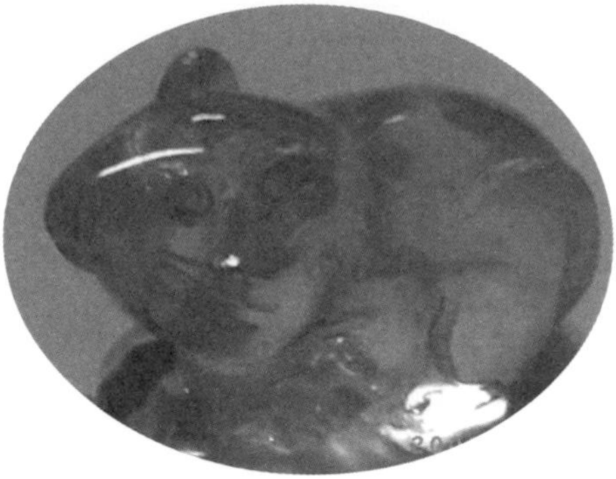

※以上只要是十二生肖或孔明八卦財神燈都須經過老師、法師開光加持後擺設才有效果。

※開光加持：就是藉助有修練的法師、老師的能力開啟化煞、開運的器具能量，並且加入法師、老師所修持來的法力能量；有經過開光加持的開運器具，是活有靈性的，能量是倍數加強的。相對的沒有經過開光加持的開運器具，能量是隱藏的、沒有靈性的，能量當然沒有法師、老師開光加持過的強。

例如：坊間所看到的大水晶球，有黃晶、白晶、紫晶、粉晶、黑曜石、綠幽靈石、東陵玉等，都是五行屬性，這些晶礦因為埋在地底下幾千公尺深，各個長年累月吸取金、木、水、火、土等五行屬性的能量磁場，所以成晶後便呈現白、綠、黑、紅、黃等顏色；但是經過法師、老師開光加持後，就不只是五行屬性的能量磁場作用而已，法師、老師可以將這些晶石依個人所需分別用在個人的旺財、旺運、旺文昌、旺桃花等。所以開運器具，請法師、老師開光加持是需要的！

第二節　旺貴人星

「貴人」，顧名思義古時候的人指的是達官顯貴的人；廣泛的意思是對我們有幫助的人都叫「貴人」，哪怕是一個乞丐，他在某件事可以幫忙到你，這個乞丐就是你的貴人。

一般人都希望在一生中，任何事都能遇到貴人相助；有的人不但遇不到貴人，甚至一直犯小人；有貴人相助便會順心如意，犯小人破壞、幫倒忙便會流年不利。

其實人與人之間，除因果業力、個性脾氣外，大部分都是磁場生、剋、沖、合的關係；生緣、合緣則得緣得助，緣沖、緣剋則受傷被害。如果能藉助開運器具來增加、轉化自己的磁場，在易經天干地支的沖合、五行的生剋裡，本身夠旺則不怕不旺的力量沖剋；本身夠旺的話便能轉化對方的沖剋。

經常犯沖小人，或者不得人緣，想增加人緣的，想得到貴人提拔相助的，都可以對照自己的本命元神，得以增加旺貴人的磁場；即使暫時還不一定得到貴人的幫助，最起碼不要遭到小人的傷害破壞！

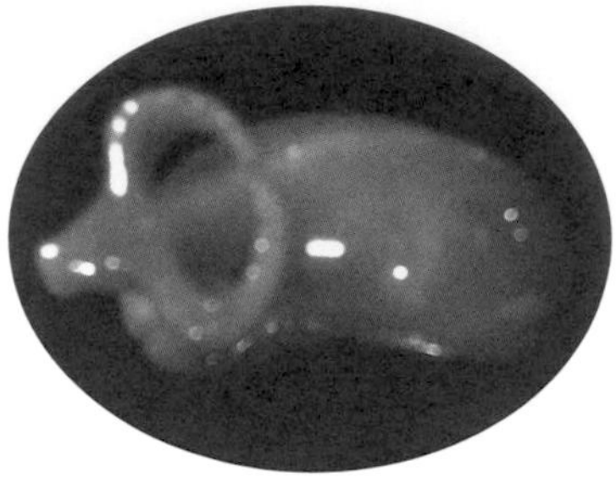

一、**如果您的元神是甲：**可以配戴玉石牛或羊的項鍊；屋宅之丑或未方置太極八卦陶土風鈴或牛或羊。

二、**如果您的元神是乙：**可以配戴玉石鼠或金屬猴的項鍊；屋宅之子方置水箱或

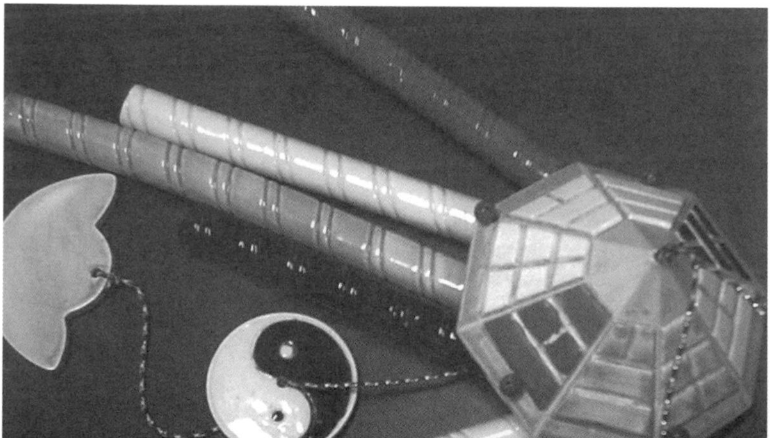

飲水機或申方擺銅音時鐘或銅鐘。

三、如果您的元神是丙：可以配戴玉石豬或雞；屋宅之亥方置水箱或飲水機，酉方響銅音時鐘或銅鐘。

四、如果您的元神是丁：可以配戴玉石豬或雞；屋宅之亥方置水箱或飲水機，酉方響銅音時鐘或銅鐘。

五、如果您的元神是戊：可以配戴玉石牛或羊；屋宅之丑或未方置太極八卦陶土風鈴或牛或羊。

六、如果您的元神是己：可以配戴玉石鼠或猴；屋宅之子方置水箱或飲水機或申方響銅音時鐘或銅鐘。

七、如果您的元神是庚：可以配戴玉石牛或羊；屋宅之丑或未方置太極八卦陶土風鈴或牛或羊。

八、如果您的元神是辛：可以配戴玉石馬或貓；屋宅之午或寅方置綠色盆栽或馬或貓。

九、如果您的元神是壬：可以配戴玉石蛇或兔；屋宅之巳或卯方置綠色盆栽或蛇或兔。

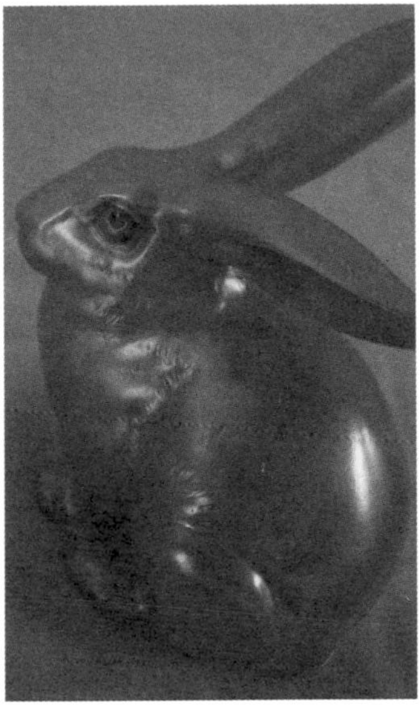

十、如果您的元神是癸：可以配戴玉石蛇或兔；屋宅之巳或卯方置綠色盆栽。

第三節　旺文昌

「文昌星」，就是當瓜瓜落地的當時，有一顆星宿正好介於太陽和地球之間；這個星宿的磁場，祂會影響幫助當時出生者的文書、學業，我們的聖賢祖先就把這顆星稱作「文昌星」。

大家都只認為「文昌星」是旺我們的文書、學業而已，事實上「文昌星」還可以旺「官星」，為何？古時候的讀書人，最終目的不就是金榜題名，當官揚眉吐氣、光宗耀祖；在易經卜卦中，占卜進京考官，一定要卦得文書爻和「官星」要兩旺缺一不可；如果文書爻衰弱破敗，則此官考必定名落孫山；如果「官星」衰弱破敗，則此官考就是高中，還是官途坎坷不順。

現在官員或者公職人員，一樣都是要看「官星」旺不旺；如果是占問參加公職考、國考，則要看「文書爻」和「官星」。為何有人考上了公職，別人是步步高升，自己卻一直升不了職，甚至被記過、被告？這是因為「官星」衰弱破敗的關係。

所以「文昌星」的幫助影響，不只是文書、學業、考試而已，對官員和公職人員的官運，更有極大的幫助。以下每個人可以依個人的本命元神對照，配戴或擺設所屬之器具來旺「文昌星」。

一、如果您的元神是甲：可以配戴蛇項鍊；屋宅之巳方置放馬或紫晶球或紫晶洞或文昌塔。

二、如果您的元神是乙：可以配戴馬項鍊；屋宅之午方置放馬或紫晶球或紫晶洞或文昌塔。

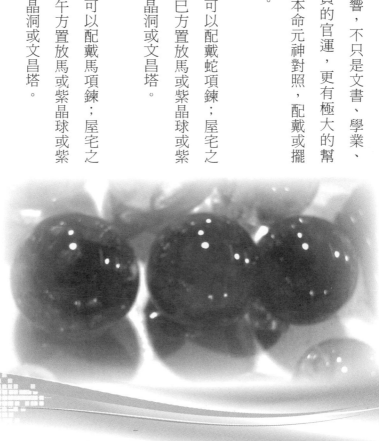

三、如果您的元神是丙：可以配戴猴項鍊；屋宅之申方置放猴或白晶球或文昌塔。

四、如果您的元神是丁：可以配戴雞項鍊；屋宅之酉方置放金屬雞或白晶球或文昌塔。

五、如果您的元神是戊：可以配戴猴項鍊；屋宅之申方置放金屬猴或白晶球或文昌塔。

六、如果您的元神是己：可以配戴雞項鍊；屋宅之酉方置放金屬雞或白晶球或文昌塔。

七、如果您的元神是庚：可以配戴豬項鍊；屋宅之亥方置放豬或黑色晶球或文昌塔。

八、如果您的元神是辛：可以配戴鼠項鍊；屋宅之子方置放鼠或黑色晶球或文昌塔。

九、如果您的元神是壬：可以配戴貓項鍊；屋宅之寅方置放木貓或綠葉盆栽或文昌塔。

十、如果您的元神是癸：可以配戴兔項鍊；屋宅之卯方置放兔或綠葉盆栽或文昌塔。

第四節　旺桃花

坊間目前所看到的化煞、開運的書籍，幾乎都是如何化桃花煞、斬桃花煞。可以說看不到如何旺桃花的書。水雖然可以覆舟，但也可以載舟，有人需要化桃花煞、斬桃花煞，相對的也有人需要旺桃花緣；所謂桃花緣就是異性緣，當然也有很多是爛桃花，但是並非桃花運來了，就一定要去接受，也不是天天月月年年都在走桃花運。不需要桃花運的人，如果桃花運來了，只要不去接受，時間過了就平息了；絕不是要桃花朵朵開，朵朵都要開花結果。

像從來沒有異性緣互動的人、異性緣差的人、從事政治競選的人、從事演藝事業的人等，都很需要有桃花緣的幫助。

所以還是有很多人是需要旺桃花的；來幫助互動的就是好的桃花緣，來相害破壞的、濫交的、亂花心的，就變成是桃花煞了。

因此以下旺桃花的方法，就是旺異性緣、旺桃花的方法。以下每個人可以依個人的本命元神對照，配戴或擺設所屬之器具來旺「桃花緣」即「異性緣」。

一、出生日地支是子：可以配戴雞的項鍊；屋宅之酉方置銅音時鐘或銅鐘或機械或金雞。

二、出生日地支是丑：可以配戴馬的項鍊；屋宅之午方置紫晶洞、球或點孔明八卦常明燈或馬。

三、出生日地支是寅：可以配戴兔的項鍊；屋宅之卯方置書櫃或綠盆栽或兔。

四、出生日地支是卯：可以配戴鼠的項鍊；屋宅之子方置魚缸或水箱或飲水機或鼠。

五、出生日地支是辰：可以配戴雞的項鍊；屋宅之酉方置銅音時鐘或銅鐘或機械或金雞。

六、出生日地支是巳：可以配戴馬的項鍊；屋宅之午方置紫晶洞、球或點孔明八卦常明燈或馬。

七、出生日地支是午：可以配戴兔的項鍊；屋宅之卯方置書櫃或綠盆栽或兔。

八、出生日地支是未：可以配戴鼠的項鍊；屋宅之子方置魚缸或水箱或飲水機或鼠。

九、出生日地支是申：可以配戴雞的項鍊；屋宅之酉方置銅音時鐘或銅鐘或機械或金雞。

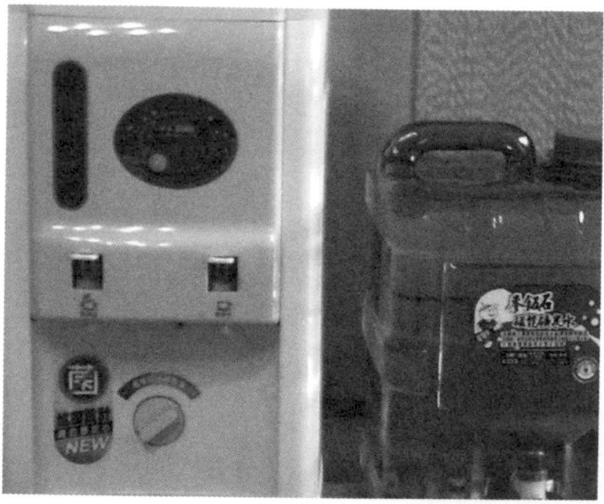

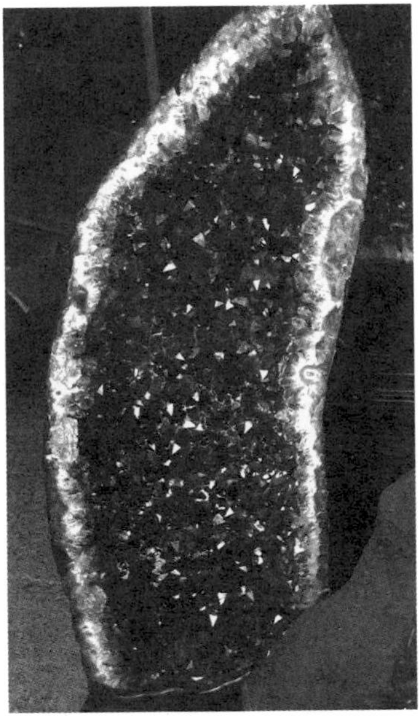

十、出生日地支是酉：可以配戴馬的項鍊；屋宅之午方置紫晶洞、球或點孔明八卦常明燈或馬。

十一、出生日地支是戌：可以配戴兔的項鍊；屋宅之卯方置書櫃或綠盆栽或兔。

十二、出生日地支是亥：可以配戴鼠的項鍊；屋宅之子方置魚缸或水箱或飲水機或黑晶球或鼠。

第五節　旺運勢

人生在世，不如意者十之八九；小時候長輩都教我們要努力打拼才會成功；長大成人後，才知道不努力是一定不會成功的；但是努力了也不一定會成功！

運命、運勢、運氣不就是那股氣場、磁場、能量的作用嗎？運氣、運氣，氣旺、磁場旺，運就旺，一切就順利。

這股能量是一種轉速快慢、強弱的狀況，就好像電風扇轉動一樣，轉速越快，氣（風）就越強，如果有一顆小石頭丟進去，就會被彈出來；相對的，如果我們的氣旺、磁場旺，能量轉速夠快，遇到外來的煞氣（對我們不利的能量磁場），一樣會像轉速強的電風扇把小石頭彈開；所以運用有能量磁場的器具，來增強我們身體所需要的能量磁場，開啟運命、運勢、運氣，是ＯＫ的！

可以對照萬年曆或請老師看八字本命五行所缺，便可依據下列五行之器具，來平衡自己的先天五行之所缺，而達到開運、旺運的效果。

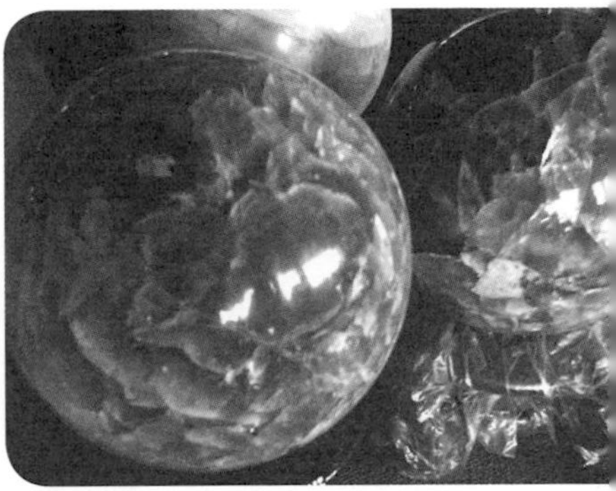

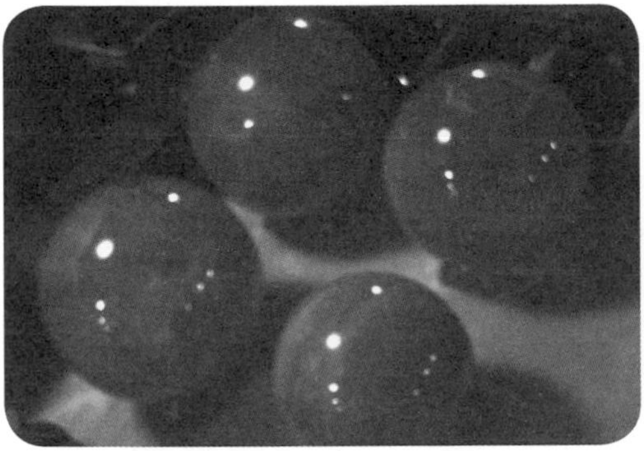

一、如果您的先天本命五行缺「木」：可配戴東陵玉、綠幽靈的項鍊或手珠。也可以在辦公桌的左前方，或者在住屋正東位置，擺設東陵玉、綠幽的晶球玉石。

二、如果您的先天本命五行缺「火」：可配戴紫晶、粉晶、雞血石的項鍊或手珠。也可以在辦公桌的左前方，或者在住屋正南位置，擺設紫晶、粉晶、雞血石的晶球玉石。

三、如果您的先天本命五行缺「土」：可配戴黃晶、黃玉、女窩石的項鍊或手珠。也可以在

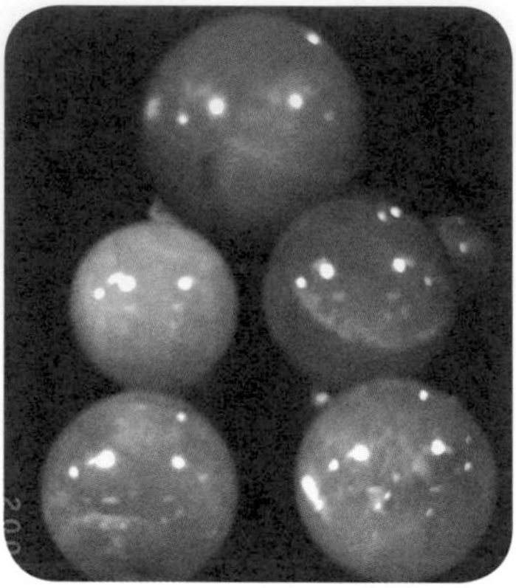

辦公桌的左前方，或者在住屋正中位置，擺設黃晶、黃玉、女媧石的晶球玉石。

四、如果您的先天本命五行缺「金」：可配戴白晶、白玉、白雲石、白玉髓、硨磲的項鍊或手珠。也可以在辦公桌的左前方，或者在住屋正西位置，擺設白晶、白玉、白雲石、白玉髓、硨磲的晶球玉石。

五、如果您的先天本命五行缺「水」：可配戴墨晶、黑玉髓、黑曜石、藍晶石、藍玉石

的項鍊或手珠。也可以在辦公桌的左前方或者在住屋正北位置，擺設墨晶、黑玉髓、黑曜石、藍晶石、藍玉石的晶球玉石。

第二章 五行開運法

一樣對照萬年曆或請老師看八字本命五行之所缺，便可依據下列五行之方式，來平衡自己的先天五行之所缺，而達到開運、旺運的效果。

大家都知道五行是：金、木、水、火、土。

代表之五德：仁、義、禮、智、信。

代表之五倫：君臣、父子、夫妻、兄弟、朋友。

以上五行若不得位則必出問題；即起變化，產生吉凶禍福。

改運（變運）：時空可以改運；時空（時間、空間：人、事、物）改變磁場。運氣、運氣。氣旺則運通。

五行相生：木生火、火生土、土生金、金生水、水生木。

五行相剋：木剋土、土剋水、水剋火、火剋金、金剋木、木剋土、間隔相剋。

五行五常：木主仁、火主禮、土主信、金主義、水主智。

五行五色：木綠色、火紅色、土黃色、金白色、水黑色。

五行五性：木性曲直、火性炎上、土性稼穡、金性從革、水性潤下。

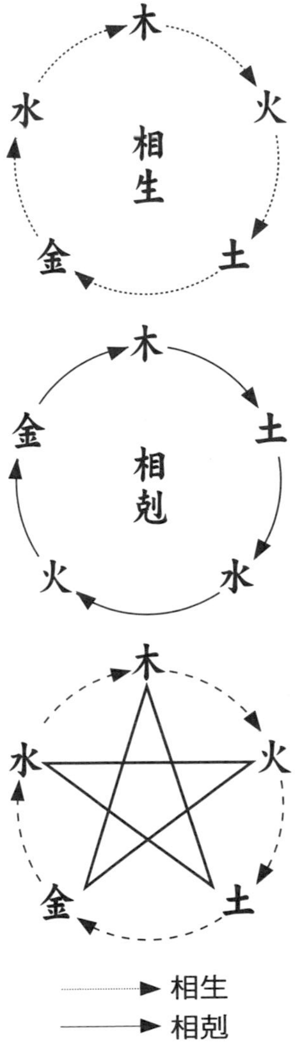

解五行剋害：金剋木用水化解。

木剋土用火化解。

土剋水用金化解。

水剋火用木化解。

火剋金用土化解。

陽五行內臟：金代表肺臟。
木代表肝臟。
水代表腎臟。
火代表心臟。
土代表脾臟。

陰五行內腑：金代表腦神經、呼吸系統、大腸。
木代表膽囊、手腳筋骨。
水代表泌系統。
火代表血液循環、小腸。
土代表胃。

四季五行：金旺於秋季。
木旺於春季。
水旺於冬季。
火旺於夏季。
土旺於三月、六月、九月、十二月。

五行方位：金代表西方。
木代表東方。
水代表北方。
火代表南方。
土代表中央。

後天八卦

☆正對角線為對沖（即所謂六沖）。

☆正三角成三和（申子辰、寅午戌、亥卯未、巳酉丑）。

☆地支有12，代表人體之12處神經系統。

代表前胸12支筋骨，24山代表節氣（24小時）（12時辰）。

人體之後脊椎24節骨，故可依此看風水。

☆12地支為神經所在，神經附在骨、肉會痛，也就是神、靈在痛，魂不附體則人無痛癢（血、精、氣，無感覺神經不痛不癢）。

天干之陰陽五行與五大方位

☆十天干代表人體之奇經八脈，加上動脈、靜脈為十大脈，以輸送人體之血液、精華為主。

☆其中動脈、靜脈亦為人之陰陽太極。一進一出循環不停。

☆五行代表氣。亦代表天→宇宙萬物之五行、色相。亦代表人體之五色氣。

第一節　飲食開運法

每一個人都是靠飲食而來的食物，攝取食物中的養分，轉化成我們身體需要的能量；一切行、住、坐、臥等行為都是靠飲食而來的能量賴以生存；營養不良的人就是體內能量不夠，便會有氣無力的；如果不均衡，便會產生傷害，太多或不足，都會造成五臟六腑生病。

五行食物如能攝取均衡便可養生；精、氣、神旺，運勢自然順利，現在坊間流行的五行養生湯，就是這個道理；長期食用可以增加免疫力系統，抑制癌症，恢復身體健康。所以利用五行食物均衡攝取，便能健康開運。可以參考下列所述之五行食物開運。

一、五行開運飯。

二、五行開運湯。

三、五行開運菜。

四、五行開運果汁。

一、五行開運飯

木：綠豆、碗豆仁、青豆仁。

※補肝、膽。

火：紅米或紫色米、紅薏仁。

※補眼睛、心臟、血液循環、小腸。

土：黃小米、黃地瓜。

※補脾臟、胃。

金：白米、白薏仁、燕麥片。

※補腦神經、呼吸系統、大腸。

水：黑糯米、黑芝麻。

※補腎臟、泌尿系統。

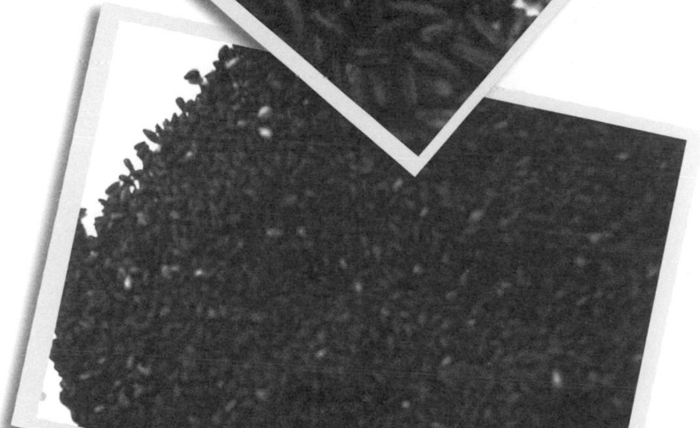

二、五行開運湯

木：綠豆。

※補肝、膽。

火：紅豆或紫山藥。

※補眼睛、心臟、血液循環、小腸。

土：黃豆或花生或黃山藥。

※補脾臟、胃。

金：白豆（米豆）或蓮子。
※補腦神經、呼吸系統、大腸。

水：黑豆、菱角、何首烏。

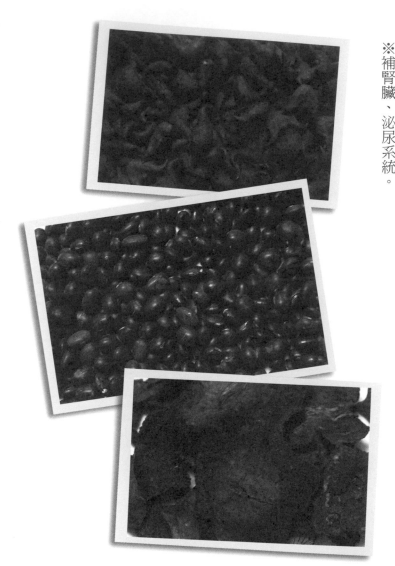

※補腎臟、泌尿系統。

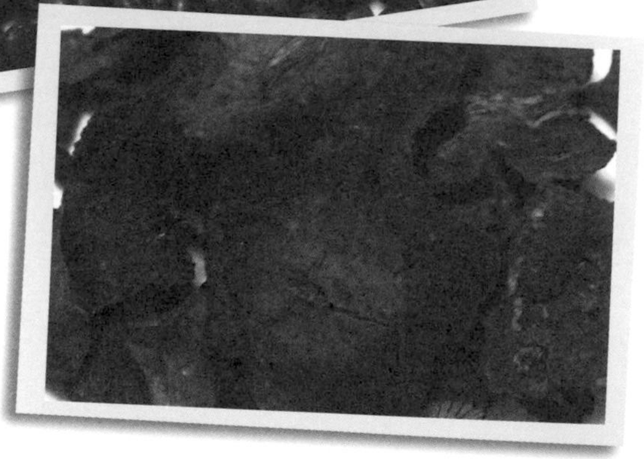

三、五行開運菜

木：菠菜、青菜花。

※補肝、膽。

火：紅菜、紅蘿蔔。
※補眼睛、心臟、血液循環、小腸。

土：黃地瓜、花生、黃甜椒。

※補脾臟、胃。

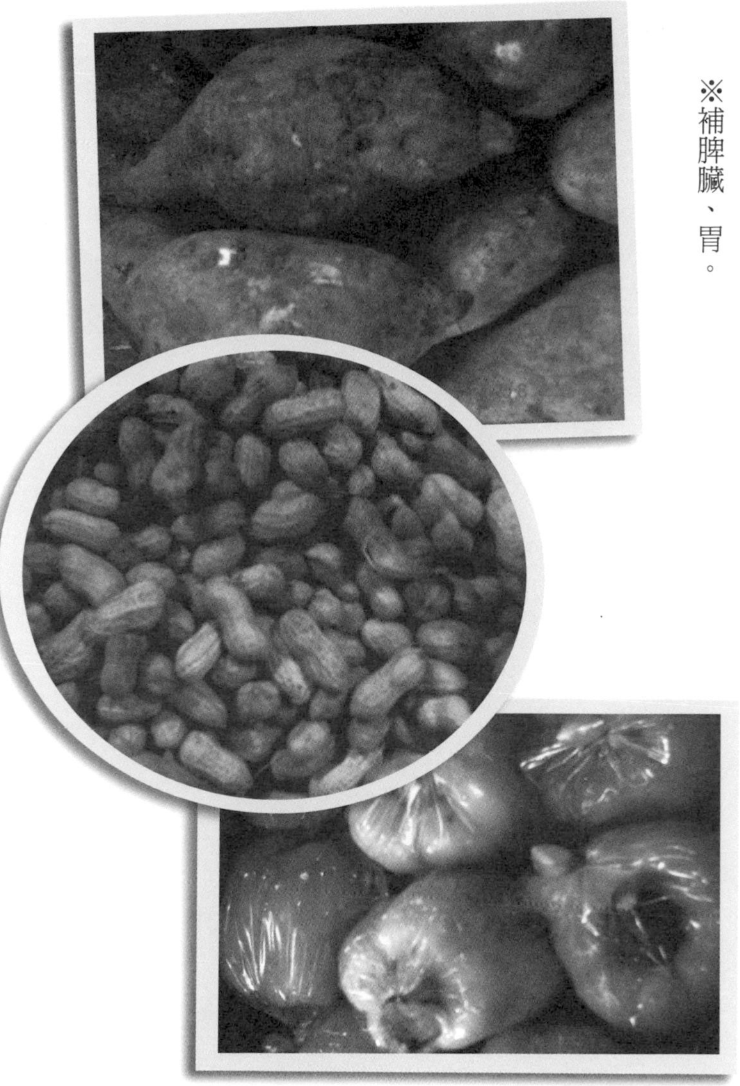

金：白蘿蔔、小白菜、皎白筍。

※補腦神經、呼吸系統、大腸。

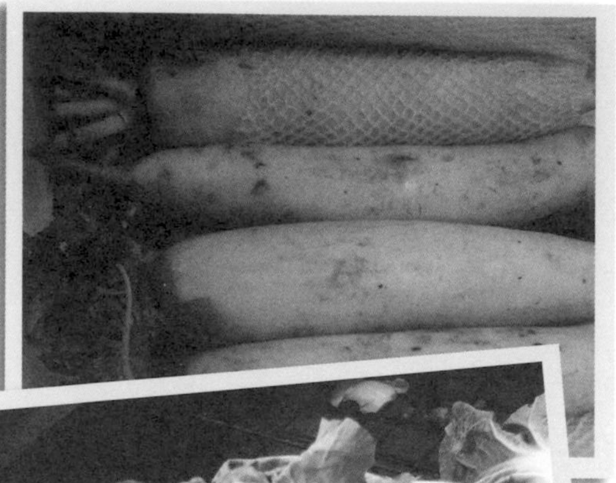

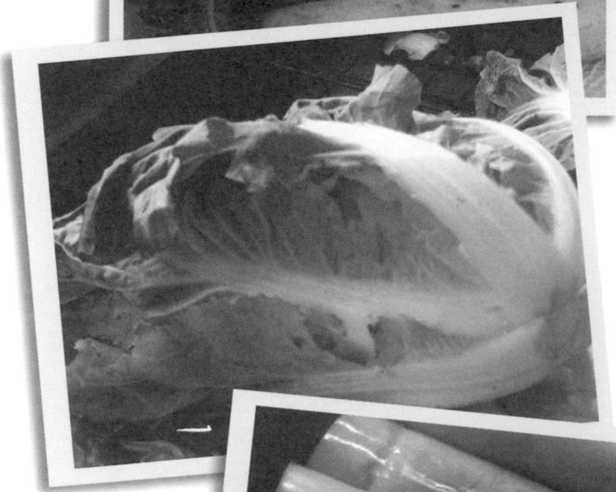

水：黑木耳、香菇、白苦瓜。

※補腎臟、泌尿系統。

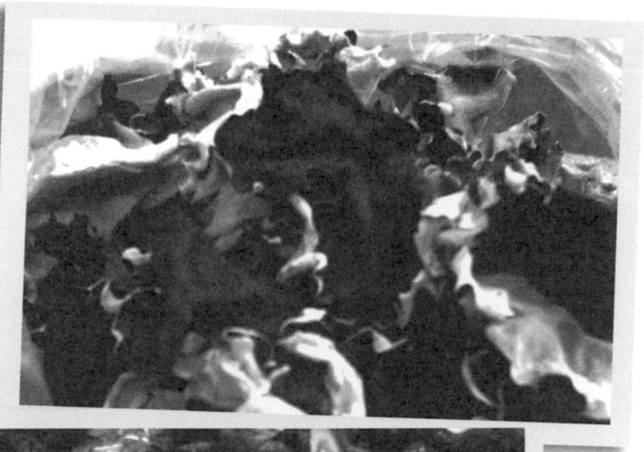

四、五行開運果汁

木：美濃瓜、綠肉奇異果、檸檬。

※補肝、膽。

火：紅肉火龍果、紅蘿蔔、葡萄柚。

※補眼睛、心臟、血液循環、小腸。

土：鳳梨、黃柿子、香蕉。

※補脾臟、胃。

金：白柚、白水梨、杏仁。

※補腦神經、呼吸系統、大腸。

水：黑皮葡萄、熟皮酪梨、苦瓜。

※補腎臟、泌尿系統。

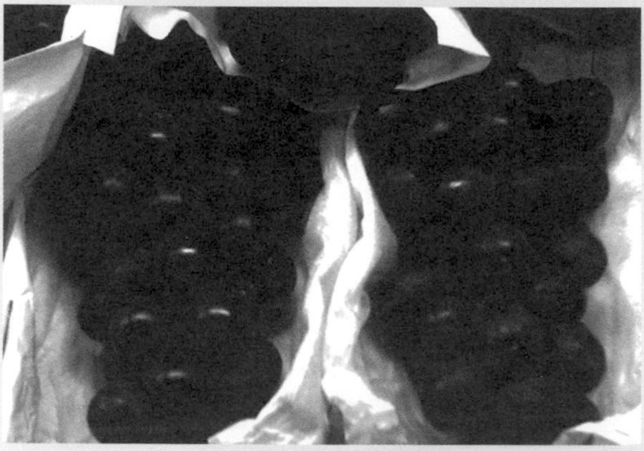

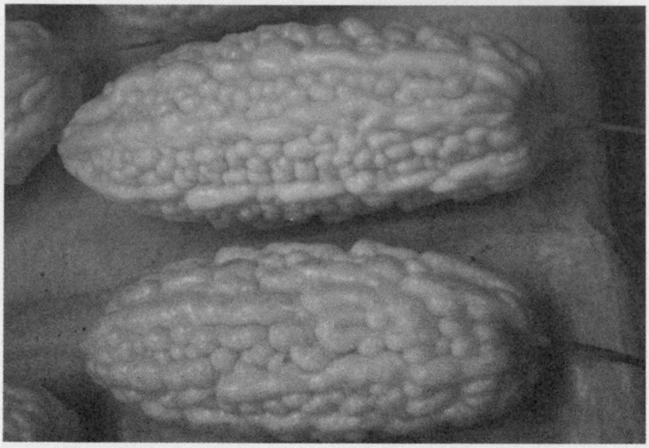

第二節　穿著開運法

根據先天本命八字所缺，除了配戴五行手珠、項鍊外，每天可穿五行所屬的內外衣。

本命缺木的人：可穿著綠色之內外衣褲。

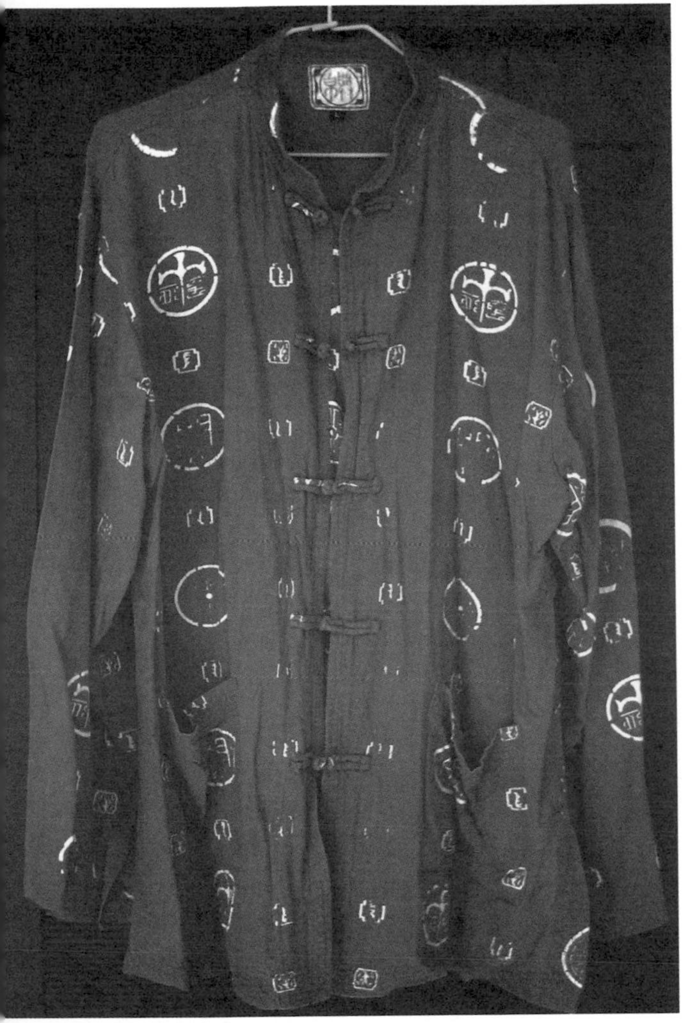

本命缺火的人：可穿著紅色或紫色之內外衣褲。

本命缺土的人：可穿著黃色之內外衣褲。

本命缺金的人：可穿著白色或金、銀色之內外衣褲。

本命缺水的人：可穿著黑色或藍色之內外衣褲。

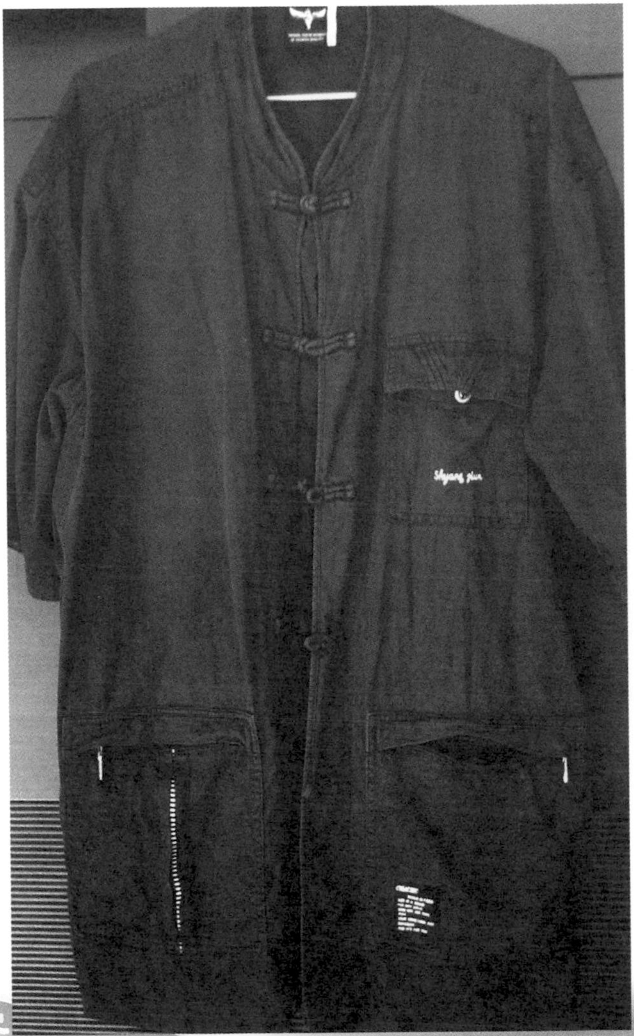

第三節　行之開運法

根據先天本命八字所缺，除了配戴五行的手珠、項鍊外，每天可利用所開的車開運。

本命缺木的人：可駕駛綠色的車子開運。

本命缺火的人：可駕駛紅色或紫色的車子開運。

本命缺土的人：可駕駛黃色的車子開運。

本命缺金的人：可駕駛白色或金、銀的車子開運。

本命缺水的人：可駕駛黑色或藍色的車子開運。

第三章 住宅開運法

談到陽宅開運，必定論及陽宅風水學，基本要先立房屋坐向（即山向），但是眾師所說紛紜，確實很難依據，房屋坐向弄錯了，就全錯了。

有的主張看門牌號所在為前方；有的主張迎光面較大的為前向；看門牌號所在實在是有盲點的，像四樓公寓大都是前面是客廳，客廳出去是陽台，而出入門不是在陽台左邊的盡頭，就是在陽台右邊的盡頭，門牌號一般都是在出入門的門邊，像這種整排透天的公寓大樓，就不能看門牌號或者出入門所在了，只看整排的公寓坐向就對了。

更不能看迎光面較大的為前向，我們都知道太陽是東升西落，迎光面較大的面一定是東西兩面，所以這樣認定會有偏差。

其實最有爭議的是一般華夏的大型公寓大樓，比較難分辨坐向，摒除前面所說的出入門是在陽台走道的兩邊盡頭，其他還是要以前門為前向，所謂前朱雀、後玄武，前門當然是在屋宅的前方，門在屋宅兩旁叫旁門，門在屋宅後叫後門，沒有人會認定房屋坐向前面都沒有門的吧？以下是宏壹居士幫人堪輿陽宅現場所畫的平面

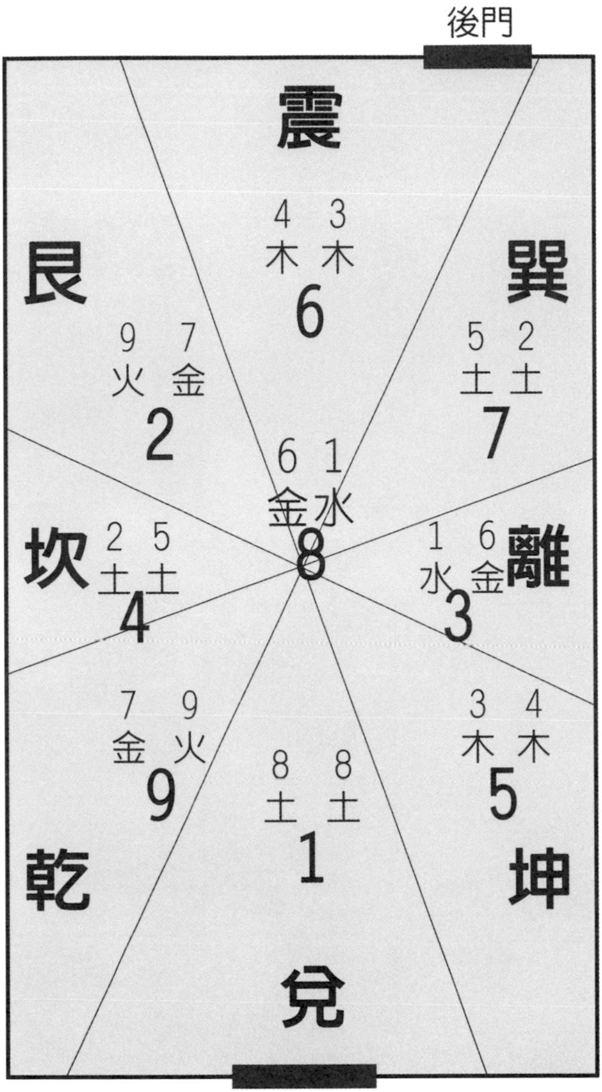

一樓

圖，三家都是在十幾樓的華夏公寓裡，都是以屋前的門為屋向。

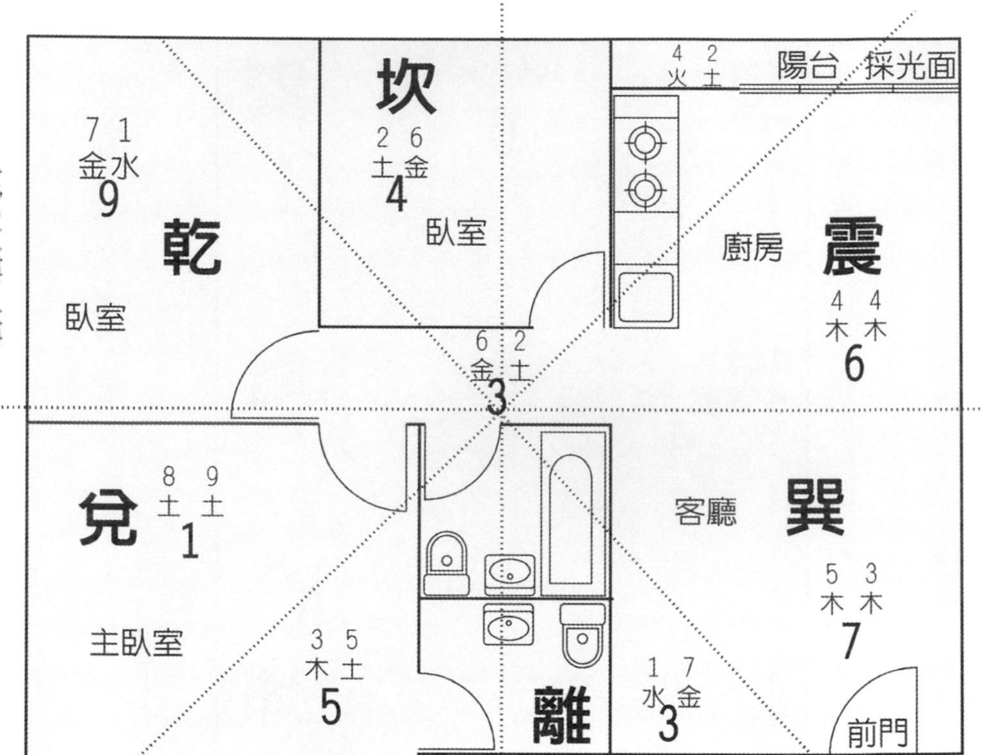
坎
2 6
土 金
4
臥室
4 2
火 土
陽台 採光面
7 1
金 水
9
乾
臥室
廚房
震
4 4
木 木
6
6 2
金 土
3
8 9
土 土
兌
1
客廳
巽
5 3
木 木
7
主臥室
3 5
木 土
5
離
1 7
水 金
3
前門
坤

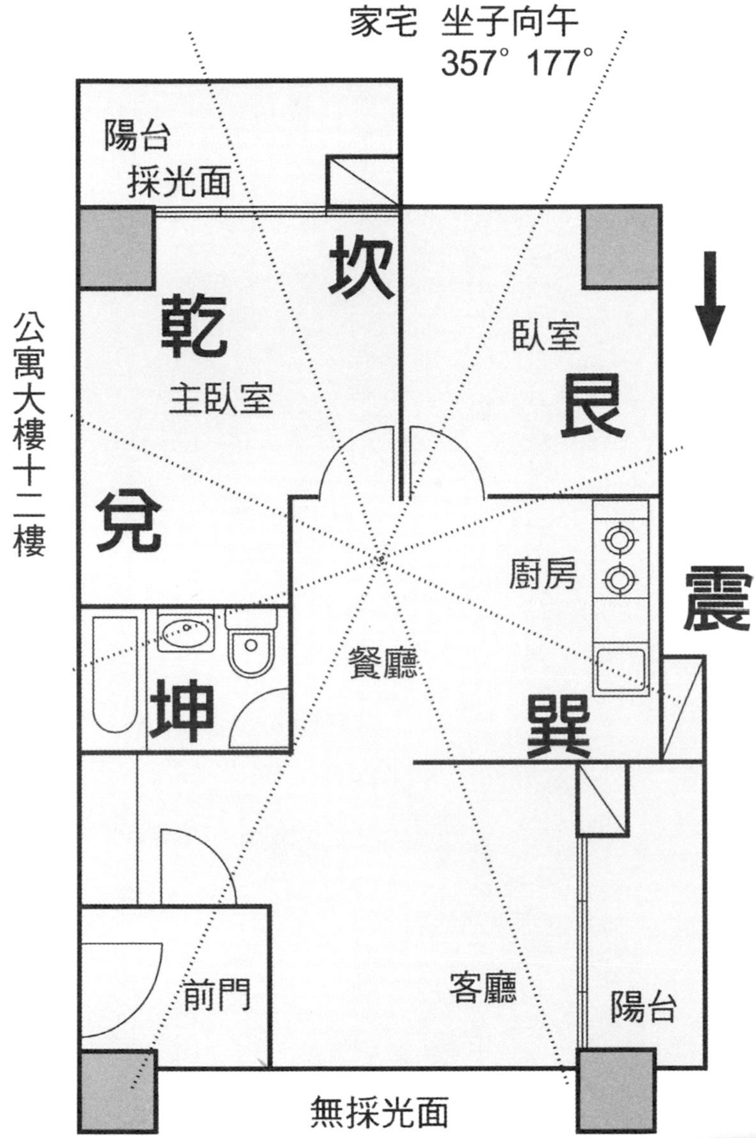
家宅 坐子向午
357° 177°
陽台
採光面
坎
乾
臥室
主臥室
艮
公寓大樓十二樓
兌
廚房
震
餐廳
坤
巽
前門
客廳
陽台
無採光面

再者測量二十四坐向之方位，不管是用指南針或指北針或羅盤，都必須到屋外測量，最好是畫平面圖，宏壹居士看陽宅一定要畫平面圖，這樣才不會有誤差。

在此提醒大家，如果老師是拿著羅經（羅盤）在您家裡面測量堪輿，那肯定是白看、不準，哪怕是再厲害的老師也一樣；因為以前的房屋是木屋、土屋、石屋，現在的房屋是用鋼筋、鋼骨建築的，會干擾磁針，所以要到屋外測量好角度，再畫到平面圖上找出中心點，如此才不會有誤差。

再來看陽宅風水，到底是該用哪一派的風水學才是正確的？各派老師所說不同，害得大家無所適從。

中國歷代皇宮御用的山、醫、命、卜、相等五術，到清朝乾隆皇帝三十七年，命大學士紀曉嵐任【四庫全書館總纂官】，收歸到《四庫全書》；直到最近幾年故宮博物院，把《四庫全書》開放給民間出版社抄印流通，揭開歷代皇帝御用的真正風水學，正是三元玄空法。

以下是摘錄台中瑞城書局出版，王豪著作的《三元堪輿奧秘直指》一書的其中內容：

「唐玄宗時，丘延翰以師授《天機書》並自撰《理氣心印》，三卷進呈，玄宗善之，以玉函金櫃藏之寶庫。詔內供奉一行禪師偽撰《銅函經》，以亂其真，以蔽天下，其書專以五行為例，拘以三十八將，至於變卦之法，悉皆倒裝生旺，反用休囚，並偽造『九星偽術』、『滅蠻經』，以貽害南方蠻夷，後又傳回中原，南宋時，元禎和尚又偽撰一套『三合偽術』危害天下，隨後，代代皆有人假託先聖先賢之名，著作偽書、偽法，陷害同胞，台灣受到『三合』、『九星』等偽術之貽害，已近三百多年了。

借用三合五行例，偽造雙山五行例，偽造墓庫方例借用納甲卦例，偽造淨陰淨陽例，偽造小玄空，偽造大玄空四經五行，偽造三卦五行例，借用祿馬貴人例，偽造祿上馬上御街例，偽造咸池水例，偽造赦文砂水，偽造八曜煞例，偽造鴻門御街水例，偽造黃泉例，偽造七曜收納水例，俗三陽六建，三吉六秀解，偽造翻卦翻星例，穿山虎透地龍，為造陽宅遊年卦例，偽造金書秘奧，偽補救水神圖，乾坤法竅，偽羅經解，八塊頭等等。

所說的些子也是假的，是南宋『朱發俊』偽造的些子法，『些』者訓也，『子』者正也，即『勘察辨清，核對校正』之義，些子二字分開為『此二子』三字，即在『此』陰陽『二』者交合而生『子』（結穴）。

例如『三分三合』，到頭結穴一陰一陽遞換，老陽變少陰，老陰化少陽，皆含些子，故些子為斷定龍穴之秘訣，真龍正穴，必合些子，不合些子，必是虛花假穴，無龍穴之處，免談些子，『曾某妄言，陽宅些子法』實是自欺欺人（現在中部某知名的風水師。），可不攻自破矣，些子，分『天些子』、『地些子』、『外些子』、『內些子』四部分。」

一般陰陽宅起建、修造，都必須配合擇日，若日課有配合旺季，以及選得吉日良辰，且有天星，貴人祿馬等到方到向，則動工後，不數天即有財喜福祿等吉應，若選得不吉日課，且有凶星到山向或修方，必立現凶災，此即日課之吉凶感應，快速但不持久，若造作之後，漸漸興旺或敗退，則為地理風水原因。

我們常常聽到有老師會預測下葬時，會有何事，何物顯現，有何種跡象，其實那只是奇門遁甲的尅應道理而已，請參奇門遁甲便知，此奇門遁甲的尅應道理與地理風水的好壞無關，沒有助益，其實身為地理老師不必以此奇門遁甲的尅應道理做幌子，來嚇唬人，如果沒有幫人把風水地理堪好，那真的要去背負因果，這才是可怕的。

另外還有一種是以年三殺為主，來論吉凶方位的論調，是錯誤的，是後人偽造的，不是楊救貧楊公的真傳，近千年來，中華民族的人民，被此偽法誤害的夠慘了，百姓多災多難，病貧交加，國家怎能富強康樂？依此偽訣造建，實為天下蒼生之大不幸，請照三元運去選擇旺山旺向。若逢三煞，可另則其他旺山向，至於衰敗之山向，二十年之內，萬萬不可用。

若主人肖馬（午），住子山陽宅，則為山頭沖本命，不吉，應另擇旺山之宅居住，陰宅亦同理，亡者大葬時山向亦不可沖亡者本命。

如能行善積德，更能逢凶化吉，增福添壽，蔭應子孫，為非作歹者，害人害物，必削福減壽，累及妻小，殃及子孫，禍害臨頭，所以行善作惡皆能打破風水、命運等的禁錮，例如陰陽宅風水全吉，那也要行善止惡才能持久；所謂福地福人居，不是指不必看風水，是指行善止惡的人有福報，過去的惡業未到，善業先到，會住到好房子或會遇到好老師化解凶煞。

依本人之觀察，世間最重之惡業，就是殺害生靈、殺虐無辜以及弱小或低等智慧之眾生；還有製造人與人之間的仇恨。如果兩個惡業不趕快停止，則鬥爭，殘害亦不停，人類多災多難，多病多苦，實在是咎由自取也。

※前面所述，對照此「二十四坐山八卦表」測量，便知房宅坐向。

坐山坎卦房宅															
癸					子					壬					坐山
壬子	庚子	戊子	丙子	甲子	壬子	庚子	戊子	丙子	甲子	癸亥	辛亥	己亥	丁亥	乙亥	分金
19°半至22°半	16°半至19°半	13°半至16°半	10°半至13°半	7°半至10°半	4°半至7°半	1°半至4°半	358°半至1°半	355°半至358°半	352°半至355°半	349°半至352°半	346°半至349°半	343°半至346°半	340°半至343°半	337°半至340°半	所佔之度數

坐山艮卦房宅

坐山	分金	所佔之度數
丑	乙丑	22°半至25°半
	丁丑	25°半至28°半
	己丑	28°半至31°半
	辛丑	31°半至34°半
	癸丑	34°半至37°半
艮	乙丑	37°半至40°半
	丁丑	40°半至43°半
	己丑	43°半至46°半
	辛丑	46°半至49°半
	癸丑	49°半至52°半
寅	甲寅	52°半至55°半
	丙寅	55°半至58°半
	戊寅	58°半至61°半
	庚寅	61°半至64°半
	壬寅	4°半至7°半

坐山震卦房宅

坐山	分金	所佔之度數
甲	甲寅	67°半至70°半
	丙寅	70°半至73°半
	戊寅	73°半至76°半
	庚寅	76°半至79°半
	壬寅	79°半至82°半
卯	乙卯	82°半至85°半
	丁卯	85°半至88°半
	己卯	88°半至91°半
	辛卯	91°半至94°半
	癸卯	94°半至97°半
乙	乙卯	97°半至100°半
	丁卯	100°半至103°半
	己卯	103°半至106°半
	辛卯	106°半至109°半
	癸卯	109°半至112°半

坐山巽卦房宅

坐山	分金	所佔之度數
辰	甲辰	112°半至115°半
	丙辰	115°半至118°半
	戊辰	118°半至121°半
	庚辰	121°半至124°半
	壬辰	124°半至127°半
巽	甲辰	127°半至130°半
	丙辰	130°半至133°半
	戊辰	133°半至136°半
	庚辰	136°半至139°半
	壬辰	139°半至142°半
巳	乙巳	142°半至145°半
	丁巳	145°半至148°半
	己巳	148°半至151°半
	辛巳	151°半至154°半
	癸巳	54°半至57°半

坐山離卦房宅

坐山	丙					午					丁				
分金	乙巳	丁巳	己巳	辛巳	癸巳	甲午	丙午	戊午	庚午	壬午	甲午	丙午	戊午	庚午	壬午
所佔之度數	157°半至160°半	160°半至163°半	163°半至166°半	166°半至169°半	169°半至172°半	172°半至175°半	175°半至178°半	178°半至181°半	181°半至184°半	184°半至187°半	187°半至190°半	190°半至193°半	193°半至196°半	196°半至199°半	199°半至202°半

坐山坤卦房宅

坐山	分金	所佔之度數
未	乙未	202°半至205半
	丁未	205°半至208°半
	己未	208°半至211°半
	辛未	211°半至214°半
	癸未	214°半至217°半
坤	乙未	217°半至220°半
	丁未	220°半至223°半
	己未	223°半至226°半
	辛未	226°半至229°半
	癸未	229°半至232°半
申	甲申	232°半至235°半
	丙申	235°半至238°半
	戊申	238°半至241°半
	庚申	241°半至244°半
	壬申	44°半至47°半

坐山兌卦房宅

坐山	分金	所佔之度數
庚	甲申	247°半至250°半
	丙申	250°半至253°半
	戊申	253°半至256°半
	庚申	256°半至259°半
	壬申	259°半至262°半
酉	乙酉	262°半至265°半
	丁酉	265°半至268°半
	己酉	268°半至271°半
	辛酉	271°半至274°半
	癸酉	274°半至277°半
辛	乙酉	277°半至280°半
	丁酉	280°半至283°半
	己酉	283°半至286°半
	辛酉	286°半至289°半
	癸酉	289°半至292°半

坐山乾卦房宅

坐山	戌					乾					亥				
分金	甲戌	丙戌	戊戌	庚戌	壬戌	甲戌	丙戌	戊戌	庚戌	壬戌	乙亥	丁亥	己亥	辛亥	癸亥
所佔之度數	292°半至295°半	295°半至298°半	298°半至301°半	301°半至304°半	304°半至307°半	307°半至310°半	310°半至313°半	313°半至316°半	316°半至319°半	319°半至322°半	322°半至325°半	325°半至328°半	328°半至331°半	331°半至334°半	34°半至37°半

第一節　陽宅坐山開運

想要利用房宅開運，購屋或者租屋第一要件必須先知道房子的坐向，再看什麼時候建造、修造要互相配合，加上選擇宅氣最旺的吉日時進住，這樣才能得到宅氣的磁場加持。

可以拿指南針或指北針或羅經到屋外測量角度；再參照上呈的「二十四坐山八卦表」便知坐什麼卦宅；陽宅風水，凡是動土，興造，完工，皆應配合節氣旺衰，則一切謀為無不事半功倍，歷久不衰。

所以照著以下所述，便可買到或租到適合的房子，加上擇日修造、進住，就可利用陽宅開運。

一、坎宅（房屋坐坎水卦位）：在秋季金旺，能生水，為旺相，在冬季為水當旺，故於秋冬兩季，起造、大修、入宅，則房宅宅氣雄厚，福力倍增。如在十、十一、十二月冬季裡，坎卦方大旺，租、購壬、子、癸為坐山的陽宅，便可得房宅之旺氣開運。

二、艮宅（房屋坐艮土卦位）：是冬季的土，當旺，故於冬季，起造、大修、入宅，則房宅宅氣雄厚，福力倍增。如在十一、十二、一月裡，艮卦方大旺，租、購丑、艮、寅為坐山的陽宅，便可得房宅之旺氣開運。

三、震宅（房屋坐震木卦位）：在冬季水旺，能生木，為旺相，在春季為木當旺，故於冬春兩季，起造、大修、入宅，則房宅宅氣雄厚，福力倍增。如在一、二、三月裡，震卦方大旺，租、購甲、卯、乙為坐山的陽宅，便可得房宅之旺氣開運。

四、巽宅（房屋坐巽木卦位）：在冬季水旺，能生木，為旺相，在春季為木當旺，故於冬春兩季，起造、大修、入宅，則房宅宅氣雄厚，福力倍增。如在二、三、四月裡，巽卦方大旺，租、購辰、巽、巳為坐山的陽宅，便可得房宅之旺氣開運。

五、離宅（房屋坐離火卦位）：在春季木旺，能生火，為旺相，在夏季為火當旺，故於春夏兩季，起造、大修、入宅，則房宅宅氣雄厚，福力倍增。如在四、五、六月夏季裡，離卦方大旺，租購丙、午、丁為坐山的陽宅，則乘得房宅旺氣。

六、坤宅（房屋坐坤土卦位）：是夏季的火生土當旺，故於夏季，起造、大修、入宅，則房宅宅氣雄厚，福力倍增。如在五、六、七月裡，坤卦方大旺，租、購未、坤、申為坐山的陽宅，便可得房宅之旺氣開運。

七、兌宅（房屋坐兌金卦位）：是秋季的金、當旺，故於秋季，起造、大修、入宅，則房宅宅氣雄厚，福力倍增。如在七、八、九月秋季裡，兌卦方大旺，租、購庚、酉、辛為坐山的陽宅，則乘得房宅旺氣。

八、乾宅（房屋坐乾金卦位）：是秋季的金、當旺，故於秋季，起造、大修、入宅，則房宅宅氣雄厚，福力倍增。如在八、九、十月秋季裡，乾卦方大旺，租、購戌、乾、亥為坐山的陽宅，則乘得房宅旺氣。

第二節　三元八運之正副財位

陽宅風水堪輿，依據三元玄空法，民國九十三年起至民國一百一十二年，天運，走八運、土運；即艮卦運。也就是少男運。

所以這二十年內，「土」和「火」之行業會比較興盛，各行各業的負責人、政界、演藝界等會年輕化，且男的居多。

「土」之行業有：房地產、農畜業、飼料、喪葬業、秘書、會計、陶瓷、砂石、建築業、當舖、水泥、磚、防水、介紹所、農具行、測量師、仲介業、委託行、南北貨、經銷商、代理商、家庭百貨、瓷器、代書、防水業、環保、養蜂業、房屋清潔、沙發、窗簾、職業介紹、企劃顧問、大廈管理、衛浴、棉被、郵幣、禮品行、氣象、移民、旅館、體育用品、電影院、乳品製造、寵物、影片出租、玩具、中古買賣、陶藝品、汽機車買賣、經紀人。

「火」之行業有：蠟燭、燈具、照明業、油、酒、瓦斯、熱食業、化妝品、美容、美髮業、服飾、雕刻、手工藝品、印刷、影印、速食店、攝影、錄影、美工、設計、廣告、製旗、徽章、工廠、塑膠業、裁縫、廚師、裱畫刺繡、劇團、食品商、錄影帶、婚喪喜慶、瘦身、飾品、手工藝、加工修復、成衣針織、代工、宵夜點心、麵包、燒烤、彩色沖印、樂器行、寢具、畫廊。

這些行業都是得天運的關係；相對的如果我們的住宅也能找出得天運的卦位即正、副財位，擺上可以望財運的器具，便可以旺財氣。

請拿指南針或指北針或羅經到屋外測量角度；再參照上呈的「二十四坐山八卦表」便知您的房宅正、副財位在什麼卦位！

以下旺財方法僅適用於民國九十三年起及以後修造、改建、裝潢、建築的房宅；民國九十三年以前的房宅，請先粉刷、換天花板、換地板後，即換天地心，再找財卦位。

（最好請專業老師堪輿指導。）

一、坐壬向丙：正財位在坎卦位（正北方），副財位在坤卦位，（西南方），可擺風水輪或孔明八卦財神燈旺財。

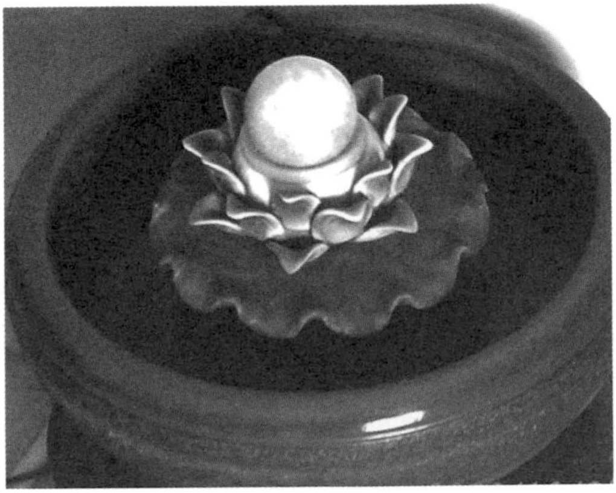

二、坐子向午：正財位在離卦位（正南方），副財位在艮卦位（東北方），可擺風水輪或孔明八卦財神燈旺財。

三、坐癸向丁：正財位在離卦位（正南方），副財位在卦位（東北方），可擺風水輪或孔明八卦財神燈旺財。

四、坐丑向未：正財位在坤卦位（西南方），副財位在坎卦位（正北方），可擺紫晶洞或孔明八卦財神燈旺財。

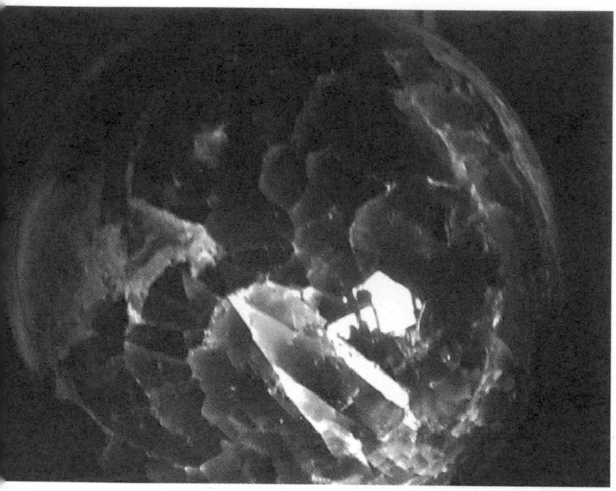

五、坐艮向坤：正財位在艮卦位（東北方），副財位在離卦位（正南方），可擺大綠玉石晶球或孔明八卦財神燈旺財。

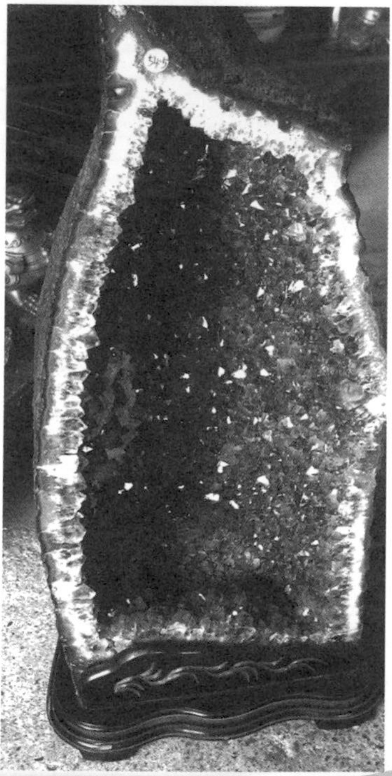

六、坐寅向申：正財位在艮卦位（東北方），副財位在離卦位（正南方），可擺大綠玉石晶球或孔明八卦財神燈旺財。

七、坐甲向庚：正財位在震卦位（正東方），副財位在巽卦位（西南方），可擺大的黃色晶球或擺孔明八卦財神燈旺財。

八、坐卯向酉：正財位在兌卦位（正西方），副財位在乾卦位（西北方），可擺風水輪或擺孔明八卦財神燈旺財。

九、坐乙向辛：正財位在兌卦位（正西方），副財位在乾卦位（西北方），可擺風水輪或擺孔明八卦財神燈旺財。

十、坐辰向戌：正財位在巽卦位（南方），副財位在中央卦位（中央方），可擺大的黃色晶球或擺孔明八卦財神燈旺財。

十一、坐巽向乾：正財位在乾卦位（西北方），副財位在中央卦位（中央方），可擺可擺大的黃色晶球或擺孔明八卦財神燈旺財。

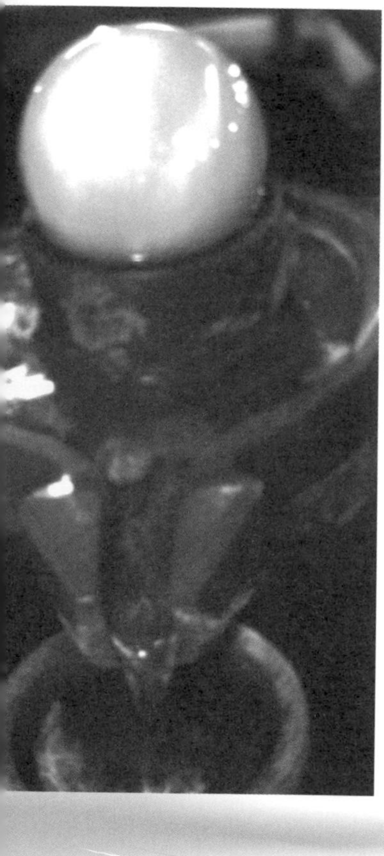

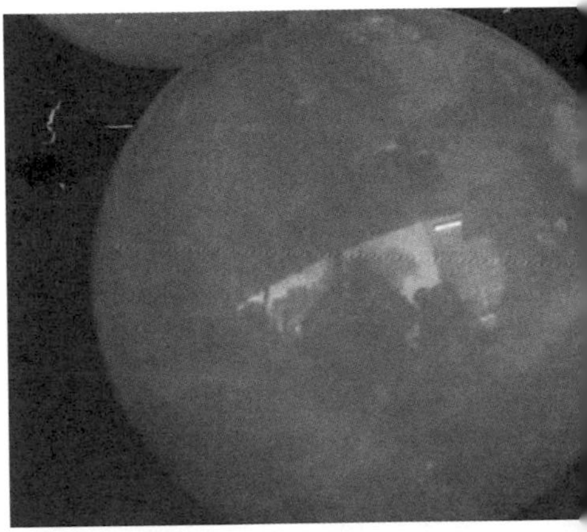

十二、坐巳向亥：正財位在乾卦位（西北方），副財位在中央卦位（中央方），可擺大的黃色晶球或擺孔明八卦財神燈旺財。

十三、坐丙向壬：正財位在坎卦位（正北方），副財位在離卦位（正南方），可擺風水輪或擺孔明八卦財神燈旺財。

十四、坐午向子：正財位在離卦位（正南方），副財位在坎卦位（正北方），可擺大的黃色晶球，或擺孔明八卦財神燈旺財。

十五、坐丁向癸：正財位在離卦位（正南方），副財位在坎卦位（正北方），可擺大的黃色晶球，或擺孔明八卦財神燈旺財。

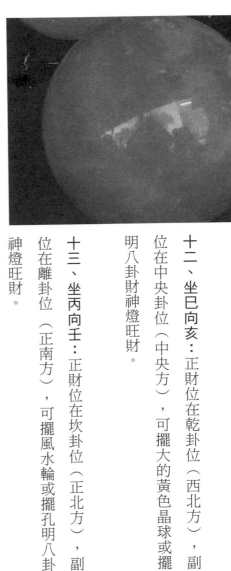

十六、坐未向丑：正財位在艮卦位（東北方），副財位在兌卦位（正西方），

可擺風水輪或擺孔明八卦財神燈旺財。

十七、坐坤向艮：正財位在坤卦位（西南方），副財位在震卦位（正東方），

可擺紫晶洞或擺孔明八卦財神燈旺財。

十八、坐申向寅：正財位在坤卦位（西南方），副財位在震卦位（正東方），

可擺紫晶洞或擺孔明八卦財神燈旺財。

十九、坐庚向甲：正財位在震卦位（正東方），副財位在坤卦位（西南方），

可擺大的黃色晶球或擺孔明八卦財神燈旺財。

二十、坐酉向卯：正財位在兌卦位（正西方），副財位在艮卦位（東北方），

可擺大的黃色晶球或擺孔明八卦財神燈旺財。

二十一、坐辛向乙：正財位在兌卦位（正西方），副財位在艮卦位（東北方），可擺大的黃色晶球或擺孔明八卦財神燈旺財。

二十二、坐戌向辰：正財位在乾卦位（西北方），副財位在兌卦位（正西方），可擺風水輪或擺孔明八卦財神燈旺財。

二十三、坐乾向巽：正財位在巽卦位（東南方），副財位在震卦位（正東方），可擺風水輪或擺孔明八卦財神燈旺財。

二十四、坐亥向巳：正財位在巽卦位（東南方），副財位在震卦位（正東方），可擺風水輪或擺孔明八卦財神燈旺財。

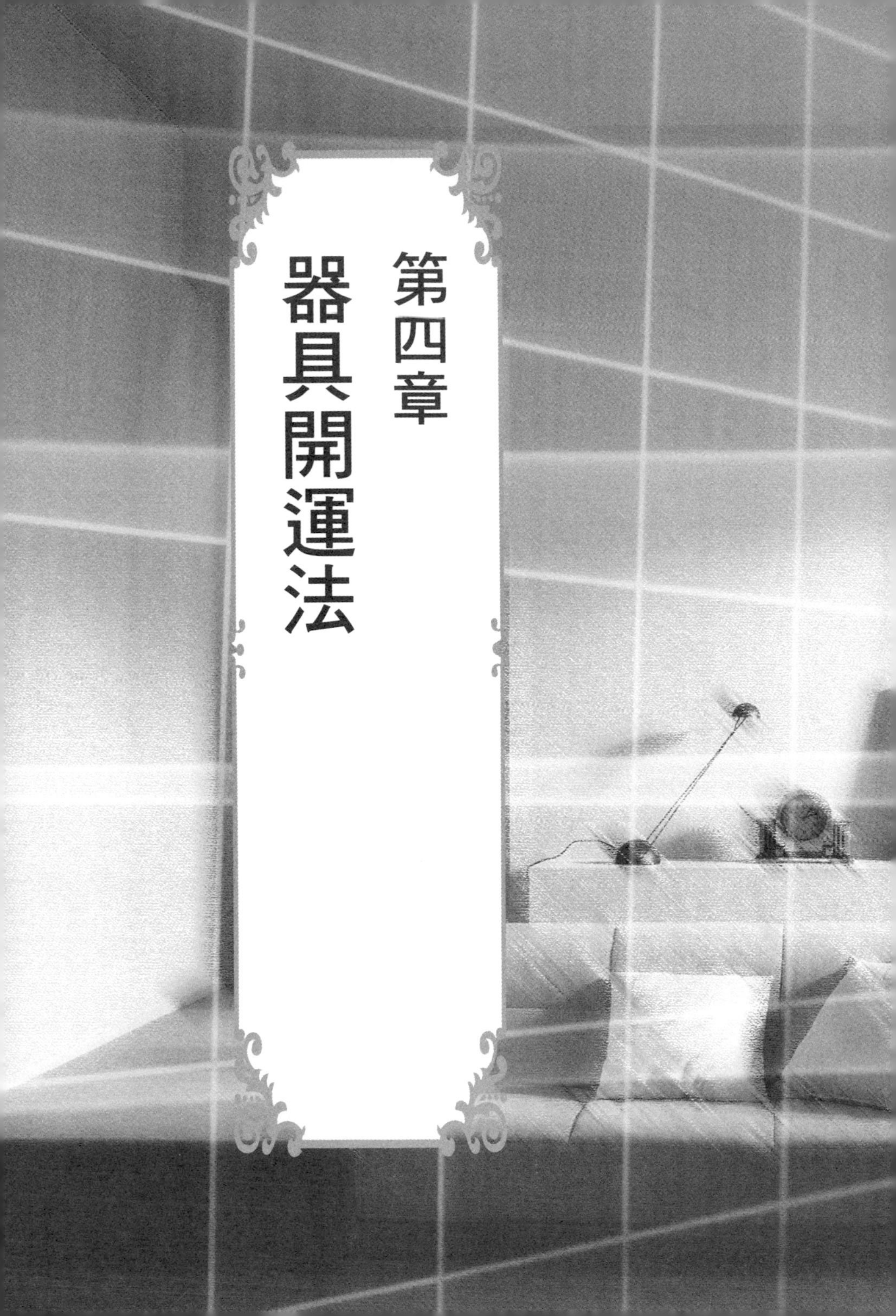

第四章 器具開運法

第一節　諸葛神卦DIY卜卦轉盤

「卜卦轉盤」是一個可以讓任何人自己占卜出任何事情吉凶禍福的轉盤，是宏壹居士黃子秤老師經多年精心研發的傑作，並取得國家認定的專利證書，專利証證號是：M 285303號。歡迎各界代理、販售或購買。

當我們遇到任何難以取捨的問題時，或者想預知未來之事，而不能馬上找到或沒有信任的命理老師時，就可以藉助黃老師的「卜卦轉盤」幫您解惑，而且精準無比，幫他人算時，對方不用說出所問之事，也不用對方的姓名、八字（出生年月日時），只要心中默唸，說出所問項目之陽幾陰幾之數即可，卦盤所轉出來的答案，就是針對您所問之事情的答案，非常神奇的「卜卦轉盤」。

如台北李先生故意問當天天氣（當時正在下雨），結果「卜卦轉盤」轉出來的答案是：陰雨不定，需再過三天才能不下雨而放晴。果真從卜卦當時連下了三天雨才放晴。

又如台中楊小姐於一晚間皮包被搶，報案後心有不甘，就利用所買的「卜卦轉盤」問失物能否找回？結果卦盤轉出來的答案是：失物在東南方有水旁，於己亥日有人通報訊息可找回，果真，就在隔天正是己亥日，早上九點上班前接到電話，一位清潔員在水溝邊撿到楊小姐的皮包，原來皮包果真被丟在她家的東南方公園水溝邊，地上還有一灘水，找回來的皮包還是溼溼的。找回的時間、地點、方向都吻合，真是神準無比。

還有很多神準的實例無法一一

的在此舉出，歡迎使用便知，不但可以幫自己、家人、朋友卜，還能幫其他人卜！

（記得任何卜卦命理，別在同一天算兩次或以上，此卜卦轉盤亦是。）

祝　此「卜卦轉盤」能成為您命運的明燈、更能成為我們的傳家之寶！

第二節 孔明八卦財神燈

孔明八卦長明燈緣起於道教、佛教之供油燈，和孔明之七星延壽燈，因古時候沒有電燈，所以只好用油燈或燭燈。目的是要旺元神，否則延了壽卻是病奄奄的有何用？

孔明八卦長明燈（財神燈）對準天地卦位（吸取天地卦氣）、五色石、人的本命、精、氣、神長期以此明燈照射，如此天地人磁場合一助長人的精氣神，利用造生基之法，更是大有作用。

孔明八卦長明燈不但可用於旺財氣而已，還可以旺貴人、旺文昌、旺本命磁場等。

孔明八卦長明燈更可當光明燈使用，可化解沖值太歲星、天狗星、白虎星、旺運勢………等星煞。【如能長期照射於本命卦位來旺本命元神，元神旺則星煞不能侵害。】

※可同時旺本命及文昌或財運或貴人。全家人皆可同時使用，只要不重複使用同一卦位即可。

※本產品已登記著作權，請勿仿冒。

※用此長明燈者須心存善念不造惡業，盡量行善積功德！

※如果還有其他疑問可打服務專線：0935869130、0937740505。詢問宏壹居士（黃老師）。

第三節　太極八卦陶土風鈴

一、成分：陶土、硃砂、八卦太極符、招財符、五雷化煞符、茉草、大悲淨水、宇宙法能量等加持製作而成。

二、太極八卦陶土風鈴是以【後天八卦】、【金、水、木、火、土】五行、【太極】的道理，配合當今天運下元走艮卦八運土運；經風吹動太極、八卦、五行等所屬的陶土撞擊，產生化煞符、招財符、八卦太極符、茉草、大悲淨水、宇宙法一起發出的聲音能量、磁場。可催動八運旺運、旺財，避邪、阻擋陰煞。

三、功能：※掛於進出門、收銀台上方，可催動八運之旺運「財運」，避邪、阻擋陰煞。

※掛於廚房近火爐上方，常搖動發出聲音，可制煞、招財、防火災。（因為火生土，土可洩火氣之能量。）

※容易受陰煞干擾，容易受驚嚇之大人、小孩，不容易入睡者等，可掛於其房間，因硃砂、八卦太極符、五雷化煞符、招財符、茉草、大悲淨水、宇宙法等一起發出的能量，可定神、招財、安魂

魄、化97、79火煞、二黑病符煞、五黃凶煞等重土陰煞。

四、前四十年來天運走六白、七赤之金運；日本人幾乎家家戶戶（尤其是商店）都掛金屬風鈴，也造就了日本的經濟奇蹟，所以風鈴不但可招財，還可化二黑病符煞、五黃災煞。但是現在走八運，所以要掛「陶土風鈴」。

※現在有一些老師人云亦云，以訛傳訛，說家裡面掛風鈴會招來陰煞，這四十年來日本人幾乎家家戶戶（尤其是商店）都掛金屬風鈴，那這四十年來日本人家家戶戶、尤其是商店不就都招來陰煞了？那那些卦滿風鈴賣的商店不就更慘了？宏壹居士幫人堪輿陽宅風水近十九年了，幫不少陽宅掛了風鈴解煞，包括我的家人六間房子都掛了風鈴，幾年來也未曾聽說有招陰的情形。

※之所以會有人說風鈴會招陰，是因為湘西趕屍隊的關係；道師手搖搖鈴，殭

屍會聽話跟著走，是道師下符給指令聽了鈴聲要跟著走，另一方面也是要提醒「生人勿近」，即使道師下符給指令要殭屍聽到搖鈴鼓的聲音跟著走，殭屍還是會跟著走，只是搖鈴聲較清脆大聲，殭屍和生人較聽得到，而搖鈴鼓的聲音就沒那麼大聲；因此不是鈴聲會招陰，也不是風鈴聲會招陰，所以不用怕。

第四節　八卦太極符

一、成分：硃砂墨、茉草、大悲淨水、宇宙法能量等加持，手工印製而成。

二、八卦太極符是以【後天八卦】、【金、水、木、火、土】五行、【太極】的道理，加上硃砂墨、茉草、大悲淨水、宇宙法能量等加持。

三、為何用後天八卦而不用先天八卦？

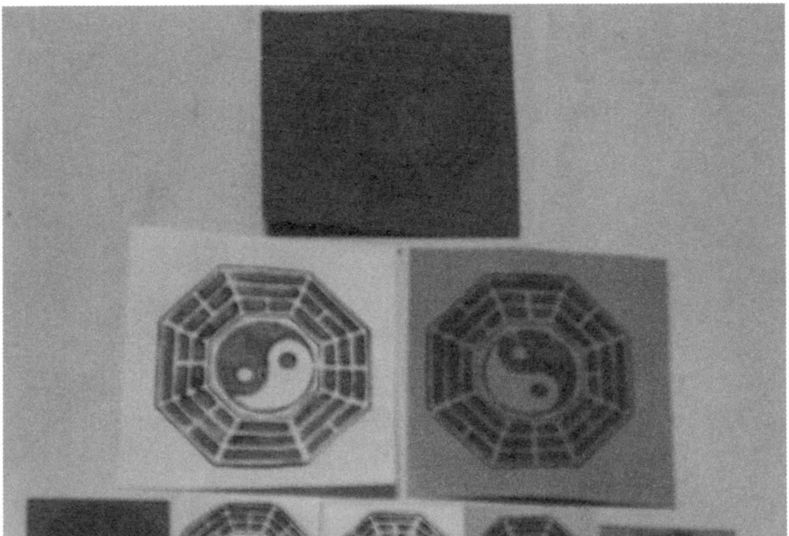

因為人是在現在的後天空間，也是在後天的空間，受到邪祟、陰煞的干擾、纏害，所以用後天的八卦太極符能達到辟邪、化解無形陰煞的功能。

四、如一位台中黃姓小姐，是敏感體質的人，常常卡到陰煞或者常耳邊聽到有人叫她去死，黃小姐也真的自殺過三次，幸好都被救了，後來配戴此八卦太極符，至今已兩年了，未曾再聽到邪祟、陰煞的干擾和纏害，現在全家人很認真的跟著宏壹居士修行。

第五節　太極八卦毯

一、產品：對角線長175公分，於國外訂製，可以放到洗衣機清洗，或吸塵器處理。

二、太極八卦毯根據後天太極、八卦的卦位，以及八卦所屬的五行顏色配製而成。

三、作用：較陰的房宅可安放太極八卦毯。打坐禪修可用於保護磁場，不受干擾。神壇、辦公桌後無靠山時可用或做背景用，避邪化煞。經開光加持後，可對外化解陰煞物、或形煞。

第六節　安忍水

一、產品：一罐玻璃罐、粗鹽、六帝錢或九個銅錢、一個龍銀。

二、安忍水是用一罐玻璃罐，先放粗鹽至半瓶，鹽上面放開光加持過的一個龍銀，九個銅錢或六帝錢，然後再盛滿清潔之水，最後蓋上蓋子。

三、安忍水的使用很廣，可以配合招財化煞葫蘆，用來化解陽宅風水有漏財的卦位。還可以化解陽宅風水屬金的煞氣。

例如：陽宅堪輿後，如廁所在財位污穢財氣，便可在廁所門框上卦招財化煞葫蘆，在馬桶水箱蓋上放上一罐安忍水，如此一方面鎮住污染財氣的穢氣，一方面用招財化煞葫蘆收納財氣；所以安忍水在化漏財氣時，要搭配招財化煞葫蘆。

第七節　招財、化煞葫蘆

一、產品：葫蘆（不能太小）、裡面裝有珍珠、珊瑚、綠玉、五色石……等十幾種原礦石、招財符、畫咒等。

二、招財葫蘆有兩個大小不一的肚子，口小肚寬，容易聚氣，裡面裝有珍珠、珊瑚、綠玉、五色石……等十幾種原礦石，聚集了原礦石的寶氣，加上招財符一張，更能聚集財氣。

三、葫蘆不但可招財，還可做為化病符煞用，叫化病葫蘆。把化病葫蘆掛在病人床邊，把病人的病氣磁場聚集到葫蘆裡面，讓病人可以趕快痊癒健康。

※但千萬記得換了病床後，或者病人痊癒了，需趕快把用過的化病葫蘆蓋好，包起來丟掉。

※化病葫蘆裡面是不放東西的，但還是要開光加持、下咒，而且要把蓋子打開才有效。

第五章 特殊開運祕法

一、用紅線綁著立體的十二生肖綁在紅絲帶上（經開光加持）：放在床底下九天，再拿出掛在自己的工作室，可增人際關係、找到合夥人、找得力員工、找到貴人。

二、走六呎紅布（用硃砂寫上順利兩字）：

三尺門內、三尺門外，左腳踏上、左腳踏出，可事事順順利利。

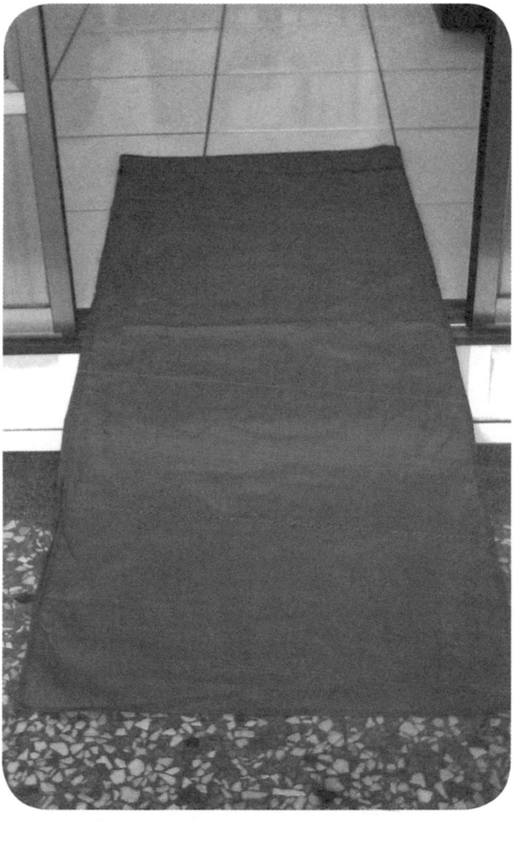

三、蕭、花瓶（綁上紅線、繞場所一圈，擺於財處）：可化煞增加磁場加強生意財運、事業興隆。

四、唸靜心真言：可讓心靜下來，腦筋清晰生智慧。

揭諦揭諦，波羅揭諦，波羅僧揭諦，

菩提薩婆訶。

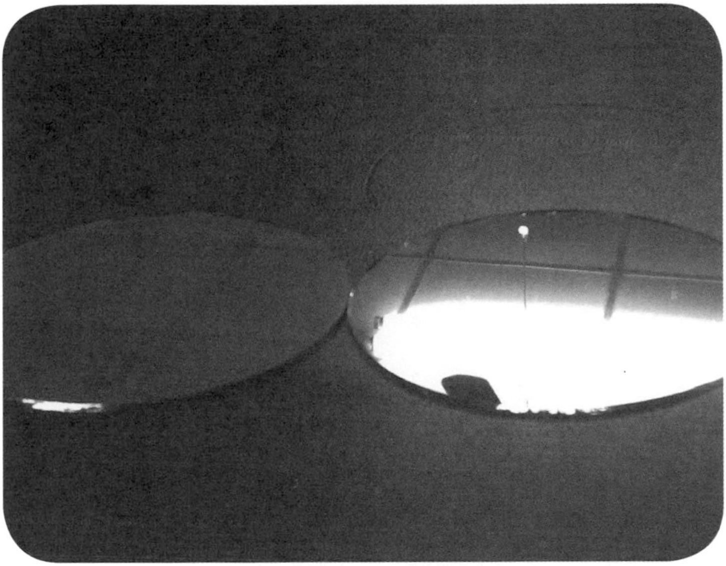

五、日月明鏡（兩面小圓鏡，一面照日光，一面照月光二十小時，開光加持後黏在一起，放在枕頭下，每天起床後用白手巾擦拭，心想事成）：可明心、開智慧、清新頭腦（助讀書）。

六、用紅紙、硃砂墨寫上一個「定」字（背面寫上名字、八字）：可讓其定心讀書或不離職。安胎則寫「安」字貼於床下胎兒位（最好請法師或老師寫，寫好再加持）。

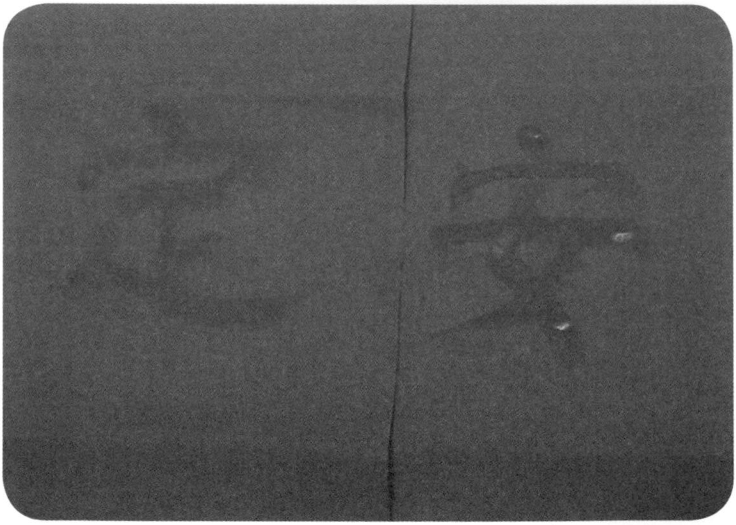

七、淨屋術：用九十九滴酒，加一點硃砂、雄黃、粗鹽以左手中指攪拌，再用噴壺裝入，到屋裡各處去噴灑，可去除房屋裡的晦氣。

八、增財水：到九家銀行各取一瓶水，混合後分裝回九瓶，放在爐灶上，第二天用此水搓手心並擦拭全身，剩下喝掉，內心意想財源滾滾滾來。

九、沾喜氣：拿九樣隨身物品，不能消耗品，給九對新人結婚當天摸一下哈三下，同時意念想著接到喜氣，不能讓他人摸到，如此喜氣就來。

十、增加感情合緣：以雙方照片（如有小孩則放中間），用紅硃砂線綁九十九圈，相片各寫上名字、八字，由老師加法合緣。兄弟姐妹不合，婚前確定對象亦可。

十一、金蟬脫殼：用硃砂和烈酒（烈酒滴使用者的虛歲數，用中指調勻），把硃砂酒塗好蛋，到戶外比飯桌高的地方吃蛋，蛋殼不能掉地，包好蛋殼往住家反方向走出百步，然後把蛋殼丟掉，同時意想自己的穢氣如彈殼脫落拋掉。

十二、早生貴子：取九顆棗子、九顆花生、九顆桂圓、九顆蓮子。放於先生吃過的、未洗淨的碗，注入七八分的清涼水，放於屋外見天日九分鐘，並意想觀音送子，持大悲咒七遍後，再把碗水拿回放到太太的床下，隔天睡醒第一件事，換水拿到屋外見天日……如此連續九天後，把九顆棗子、九顆花生、九顆桂圓、九顆蓮子，埋在一有花的盆栽土裡，連續做三盆，第一盆放在院子或外大門的進來地方，第二盆放在客廳，第三盆放在臥房裡。須好好照顧這三盆花叢（若枯了需補上），最好能發願做功德才能更圓滿，千萬不要去用求的，因為宏壹居士看過很多實例，求來的小孩大部分都有問題，或者留不住而造成遺憾，請三思。

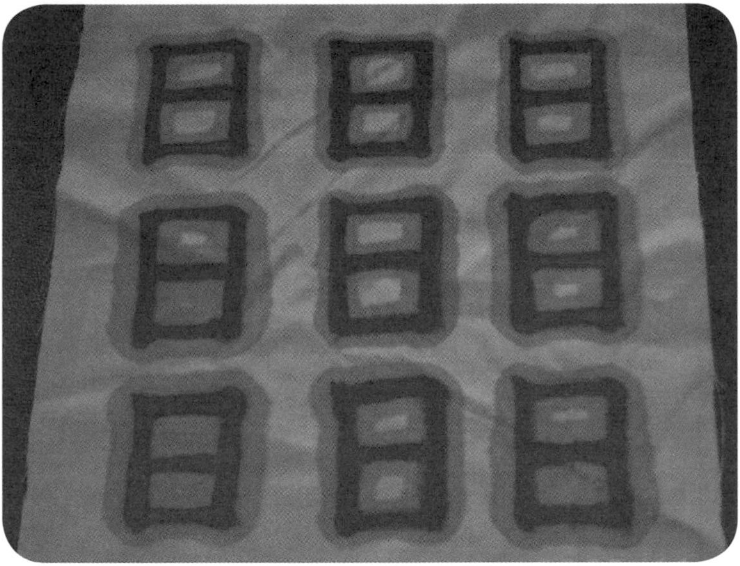

十三、九日白布：以白手絹、硃砂筆寫上九個「日」，置於枕頭下，考試那天帶著去考試，效果很強。

十四、持大悲咒四十九遍：戒酒。每天七遍，任何時間都可以唸，不要在廁所、鏡子前唸，唸完七遍即回向自己或某人戒酒。

請照右行的國字（小字）音唸，持咒前，清喉，全身放輕鬆，以最喜悅的情緒，最恭敬的心去持誦大悲咒。

「南無千手千眼觀世音菩薩，廣大圓滿無礙大悲心陀羅尼」，大悲咒之標題唸三次，再持咒七遍；然後回向戒酒的人戒酒。

「咒」有兩個口，就是要心的口、嘴巴的口一起唸，教「心」、「口」合一，唸久了自然會背，專心到一心不亂，此時不覺得呼吸換氣，音調高低，速度一致（快慢視個人唇舌之變換速度，只要唸得清楚為主）。要意守玄關（極注意力、意識集中在兩眉中心），兩耳聆聽自己所唸咒的聲音，全身會有一股熱氣，這就是佛光、能量的加持。

大悲咒是所有經咒的咒王，只要用心、專心的去唸，心誠則靈，必定有所感應。

千手千眼無礙大悲新陀羅尼

拿模和辣達怒多辣夜也　拿模窩利也　婆盧結帝碩伯辣也　菩提
南無喝囉怛那哆囉夜耶・南無阿唎耶・婆盧羯帝爍鉢囉耶・菩提
薩舵婆也　模喝薩舵婆也　模喝加盧泥加也　翁　薩伯辣罰易　樹達
薩埵婆耶・摩訶薩埵婆耶・摩訶迦盧尼迦耶・唵・薩鉢囉罰曳・數怛
奴達下　拿模西吉力舵依蒙窩利也　婆盧吉帝使佛辣楞陀婆　拿模
那怛寫・南無悉吉慄埵伊蒙阿唎耶・婆盧吉帝室佛囉楞陀婆・南無
奴辣錦池　西利模喝伯多沙咩　薩婆窩拖豆輸朋　窩是孕　薩婆薩
那囉謹墀・醯利摩訶皤哆沙咩・薩婆阿他豆輸朋・阿逝孕・薩婆薩
多　奴模婆薩多　拿模婆茄　模珐特豆　達值值　翁窩婆盧西　盧
哆・那摩婆薩哆・南無婆伽・摩罰特豆・怛姪他・唵阿婆盧醯・盧
加帝　加羅帝　宜西利　模喝菩提薩舵　薩婆薩婆　模辣模辣　模
迦帝・迦羅帝・夷醯唎・摩訶菩提薩埵・薩婆薩婆・摩囉摩囉・摩
西模西利陀孕　具盧具盧結蒙　度盧度盧珐舌噎帝　模喝珐舌噎帝
醯摩醯唎馱孕・俱盧俱盧羯蒙・度盧度盧罰闍耶帝・摩訶罰闍耶帝・
陀辣陀辣　地利尼　使佛辣也　哲辣哲辣　摸摸珐模辣　木地立宜
陀囉陀囉・地唎尼・室佛囉耶・遮囉遮囉・麼麼罰摩囉・穆帝隸・伊

西宜西 使奴使奴 窩辣僧佛辣捨利 玹沙汎僧 佛辣捨也 呼嚕呼
醯伊醯・室那室那・阿囉嗲佛囉舍利・罰沙梵嗲・佛囉舍耶・呼盧呼

嚕模辣 呼嚕呼嚕西利 縮辣縮辣 西利西利 蘇嚕蘇嚕 菩提夜菩
盧摩囉・呼盧呼盧醯利・娑囉娑囉・悉唎悉唎・蘇嚕蘇嚕・菩提夜菩

提夜 菩駝夜菩駝夜 迷帝利夜 奴辣錦池 地利色尼奴 婆夜模
提夜・菩馱夜菩馱夜・彌帝唎夜・那囉謹墀・地唎瑟尼那・婆夜摩

奴 縮婆喝 西陀夜 縮婆喝 模喝西陀夜 縮婆喝 西陀玉易 使
那・娑婆訶・悉陀夜・娑婆訶・摩訶悉陀夜・娑婆訶・悉陀喻藝・室

伯辣也 縮婆喝 奴辣錦池 縮婆喝 模辣奴辣 縮婆喝 西辣僧窩
皤囉耶・娑婆訶・那囉謹墀・娑婆訶・摩囉那囉・娑婆訶・悉囉僧阿

木茄也 縮婆喝 縮婆模喝窩西陀夜 縮婆喝 者吉辣窩西陀夜 縮
穆佉耶・娑婆訶・娑婆摩訶阿悉陀夜・娑婆訶・者吉囉阿悉陀夜・娑

婆喝 波陀模結西陀夜 縮婆喝 奴辣錦池伯茄辣也 縮婆喝 模婆
婆訶・波陀摩羯悉陀夜・娑婆訶・那囉謹墀皤伽囉耶・娑婆訶・摩婆

利勝結辣也 縮婆喝 拿模和辣達怒多辣夜也 拿模窩利也 婆羅吉
利勝羯囉耶・娑婆訶・南無喝囉怛那哆囉夜耶・南無阿唎耶・婆羅吉

帝 碩伯辣也 縮婆喝 翁西店督 漫多辣 拔陀也 縮婆喝
帝・爍皤囉耶・娑婆訶・唵悉殿都・漫多囉・跋陀耶・娑婆訶・

十五、玉壺冰心：以一匙冰片加九塊冰塊放進白壺裡，持七遍大悲咒，藥師灌頂真言四十九遍，置於床下心臟位。可助心臟病患。

十六、確保手術順利：病人臥房四個床腳墊紅紙或紅布，將床上枕頭豎起來，持七遍大悲咒，藥師灌頂真言四十九遍，出門時走六呎紅布。

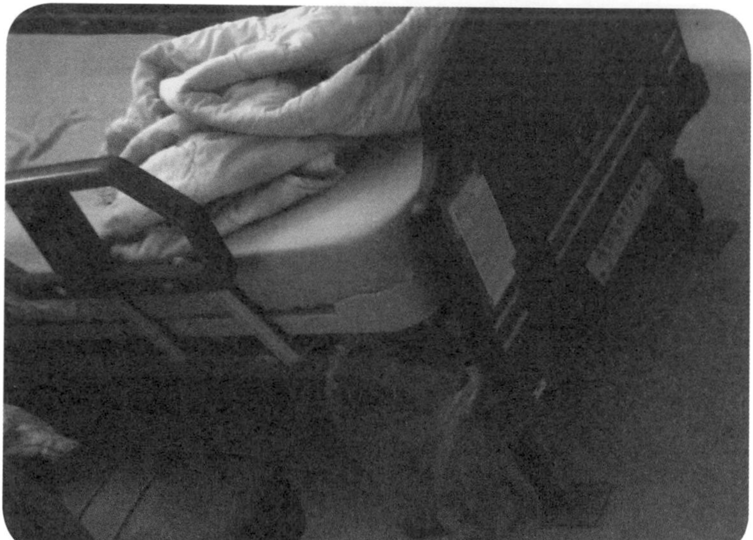

十七、硃砂、雄黃、酒：加大悲淨水，擦拭、噴灑，淨化房子、車子。

十八、易主祕法：可讓房子快賣掉，取此屋之廚房一固定物，在中午午時丟到流動的水中（心想房子快賣出）。

十九、贏官司：在合自己生肖的時辰，取一碗水加入一匙冰片、九塊冰塊，持大悲咒七遍，用乾淨白布沾碗水擦拭爐灶（瓦斯爐）十五分鐘，連續三天（白布用完即丟）。

※先決條件被冤枉、有理的才有效。

屬鼠在一點~三點。屬牛在廿三點~一點。

屬虎在廿一點~廿三點。屬兔在十九點~廿一點。

屬龍在十七點~十九點。屬蛇在十五點~十七點。

屬馬在十三點~十五點。屬羊在十一點~十三點。

屬猴在九點~十一點。屬雞在七點~九點。

屬狗在五點~七點。屬豬在三點~五點。

二十、五雷咒：解被壓或被附身。

※手握拳頭，拇指在外於食指中指上持咒曰：

「五雷五雷，步步相隨，身穿鎧甲，頭戴金盔，吾奉太上老君，急急如律令。」

二十一、離小人法：於午時將三支公雞毛浸泡於雄黃、硃砂、酒裡兩小時，用法加持，回去拿著三支雞毛沾酒液，向四面八方甩，心唸小人遠離，然後一支放於皮包或公事包，一支放於枕頭下，一支放於抽屜。

第六章

開運印章

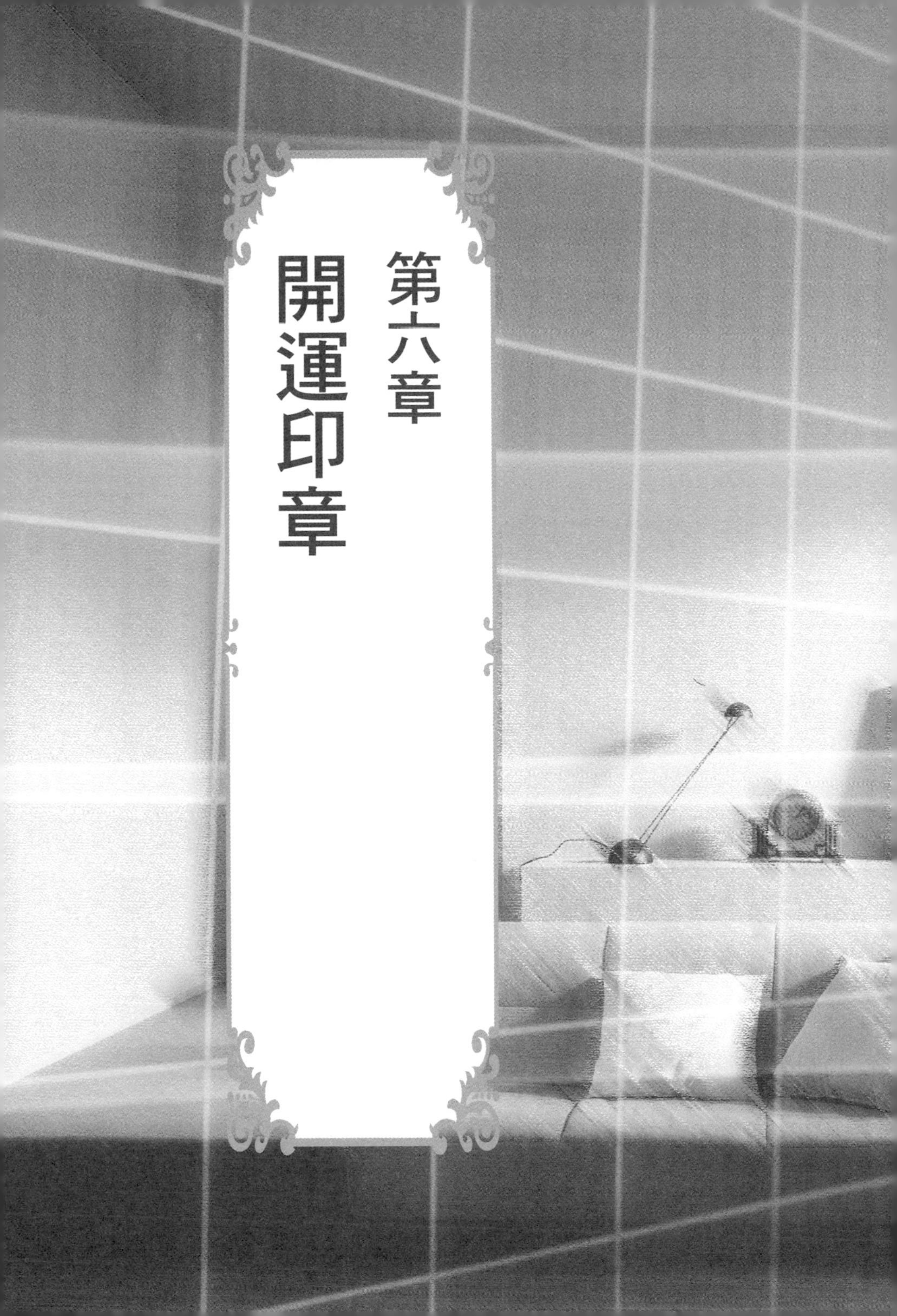

所謂開運印章，即利用五行天然所屬的礦石來做印材，天然礦石之所以會有較強的磁場，是因為這些礦石被埋在地底下幾千公尺，千萬年承受地氣、地礦的強大壓力所致。

天然礦石會呈現紅色，是因為長年累月吸收紅色磁場能量，所以再釋放出來的能量為紅色能量；其他顏色的礦石也是如此。

一、開運印章必須依照個人本命五行所缺，再選擇所缺的顏色材質的礦石。而不是用比較貴的就是好材質。

二、開運印章要「一方、一圓」共兩個；合約、地契、文書等用方章，支票、存領金錢、與金錢有關的等用圓章。

三、由老師於印章畫出後天八卦方位，擇吉日時找出最有利之卦位，請專門刻印師傅開始下刀刻印（刻印前師傅雙手及雕刻工具均要先行淨化後再工作）。

四、吉利、財位的卦位不能有間隙太大，否則便成吉利、財位入空亡，開運印章便成凶運印章。

五、完成後老師再淨化過，然後再用硃砂墨開光加持；如此開運印章才算完成，並達到功效。

第一節　八字本命缺木的人

可用碧玉或綠色礦石或木頭做印材。

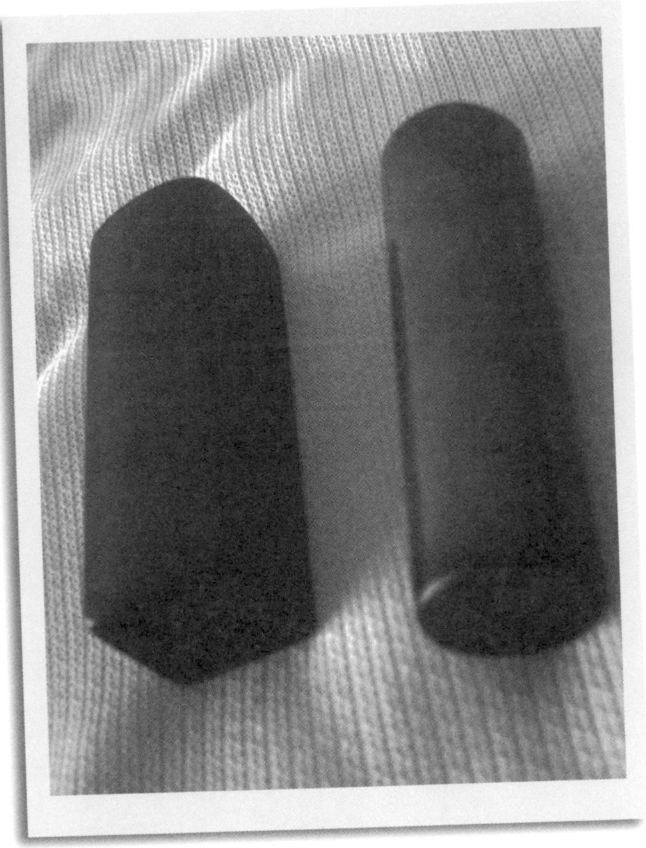

第二節　八字本命缺火的人

可用雞血石或紅色礦石或紫晶做印材。

第三節　八字本命缺土的人

可用黃玉或黃色礦石或黃晶做印材。

第四節　八字本命缺金的人

可用白玉或白色礦石或白晶或金屬做印材。

第五節　八字本命缺水的人

可用黑玉髓或黑、藍色礦石或墨晶做印材。

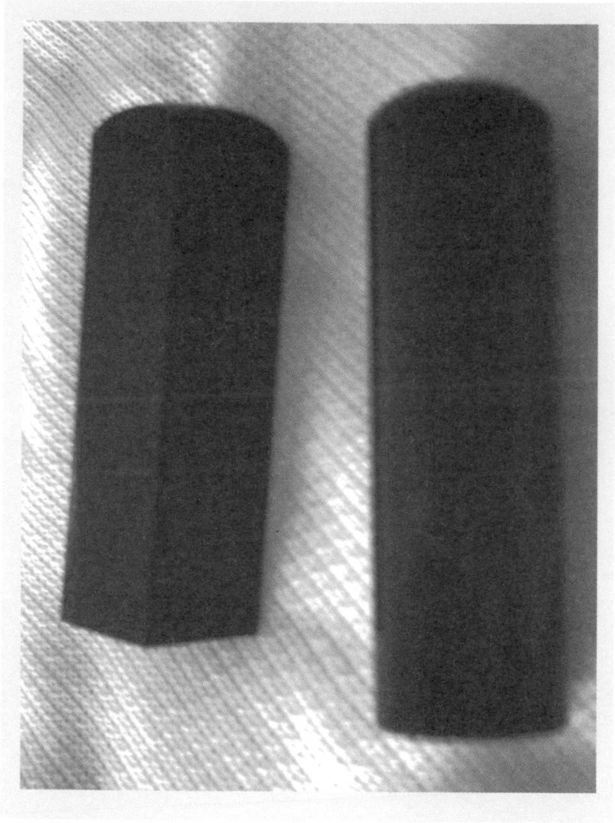

開運吉祥物　推薦

八卦太極符

八卦太極符一組五張（為木、火、土、金、水五行色），經開光、持咒加持。

放置在福袋、香火袋裡掛於胸口，專用於驅邪、避煞防治卡陰、卡煞。

尤其是敏感體質、容易卡陰、卡煞或被陰靈干擾的、大人小孩容易驚嚇的、夜生活的、長期在不見天日的場所工作的、醫院人員、出入深山、到荒郊野外等，最好配戴一套在身上。

曾有敏感體質的黃小姐，耳邊經常聽到無形的聲音，叫她去死，幾個月下來，控制不了自己，真的去死了三次，幸好都被救活了，後來經過友人介紹，配戴此八卦太極符，至今已三年多，未曾再聽到那叫她去死的無形聲音了，也曾幾次試著，把八卦太極符拿起來，結果每次都又聽到叫她去死的聲音，配戴上去又不會了；所以在這期間很感謝黃小姐，介紹好幾個同樣敏感體質的朋友，來購買八卦太極符。

售價：6,000元

易經諸葛神卦轉盤

易經諸葛神卦轉盤是由宏壹居士黃子秤老師耗費六年時間；精心研發出來；沒有專業老師在旁，即可自行卜卦的DIY工具；其準確性，使用過者，都讚稱此卜卦轉盤奇準無比。

絕對是問什麼，答什麼，絕非如坊間之命理器具一樣，問任何問題，解答都是在同一張籤詩上，一張籤詩也可以解釋婚姻感情，也可以解釋事業，也可以解釋財運……

解答條文全都以白話口語解說，只要懂中文者，皆看得懂。

可以自己卜卦也可以幫人卜卦，對方不用講出問什麼事，經過轉盤就可以轉動出答案的吉凶，非常神奇。

本產品亦得到國家智慧財產局最高等級評價之專利商品。

*發明專利字號新型第M285303號經諸葛神卦轉盤經諸葛神卦轉盤屋

售價：6,800元

孔明八卦財神燈

孔明八卦財神燈緣起於道教、佛教之供油燈與孔明之七星延壽燈。

根據個人的財祿卦位，貴人星卦位，文昌星卦位本命卦位等；可用於旺財氣、旺貴人、旺文昌、旺官運、旺本命磁場 等，可同時旺本命及文昌或財運或貴人。

可當光明燈使用，可化解沖值太歲星、天狗星、白虎星、旺運勢……等星煞。(如能長期照射於本命卦位來旺本命元神，元神旺則星煞不能侵害)

孔明八卦財神燈是以埋生基的道理，運用人體吸收能量長的最快的頭髮，指甲二十四小時及取燈光的能量，和宇宙八大方位的卦氣，以及地球逆時針自轉的五行氣，成為天地人三合一的生生不息之能量，埋生基(活人墳墓)只是取地理之氣，而且穴位難找，花費又貴，孔明八卦財神燈只要卦位不重覆使用，則可全家人共同長期使用。

規格:高45公分.寬30公分

版權所有翻製必究
案號097中院認008
第000298號。

售價：8,800元

三元通寶鑫

我們燒給無形的神祈、公媽、好兄弟的金銀紙，其實祂們所得到的只是貼在金銀紙上面，一兩公分的金鉑、銀鉑。

而現今的金銀紙為了省下金鉑、銀鉑的成本，大部分只貼上面的一張，其他用漆塗上而已，或者金鉑、銀鉑沒黏住，燒金銀紙時飛的到處都是，難怪有往生的祖先，附在靈媒身上說我們陽間的子孫，燒給祂們的紙錢大多數是假的。

大量燒金銀紙不但造成空氣污染，又要浪費很多時間去燒，效果又不大，如果是大家收集一起燒的，無形的哪知道是誰燒給祂的?

三元通寶鑫是以環保紙印製，天地人三寶通用共三張，中間一條白光旁有七彩虹光，是存在於天、地、人三界的密碼，這是在無意中、在不同的兩個地方都拍攝到的；上面印有36天罡，72地煞，108支的天地人三寶庫鑰匙，等於是陽間各國通用的旅行支票一樣，上面寫有陽間人的姓名、地址、手印，知道是誰燒給的，上面的金鉑、銀鉑不會掉，所以只燒一兩份三元通寶鑫，即可抵用燒好幾十疊的金銀紙，既省錢、省時又環保，最主要是經多方印證，效果非常的好！

（一套20組）售價：2,000元

八卦毯

八卦毯：是以後天八卦圖形，依五行卦位顏色，於海外人工製造而成。
規格：八方對角長175公分。
打坐用：鋪於地板上打坐用。依個人命卦坐上卦位，呼吸順了才坐中央。在上面打坐，避免外靈干擾。
當靠山：辦公桌、神明桌、客廳等掛於牆壁。
裝飾用：經開光加持，可趨吉避凶，旺磁場。
※純手工打造，可清洗。

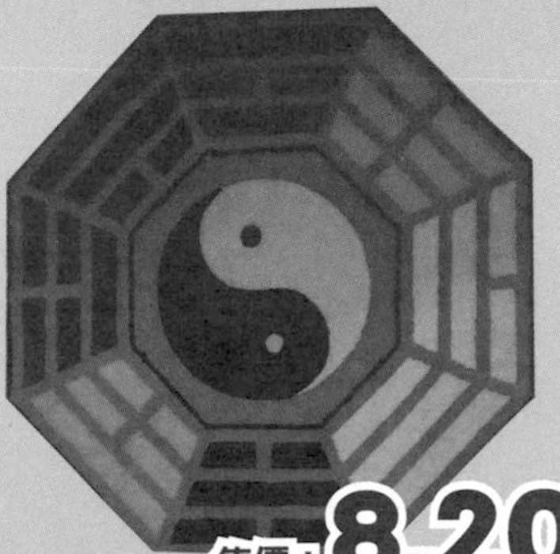

售價：8,200元

除障香環

主要成分:大黃、紅花、砂仁、草荳蔻、紅檀等數十種藥材、天然粘粉。
數量:48環
燃燒時間:3小時40分
除穢氣、瘴氣、淨化磁場、安神靜心、做煙供等。
純天然原色、原味、絕無添加任何人工色料、化學香料而且微煙環保。

（一套4罐）售價：2,360

太極八卦陶土風鈴

1.成份：陶土、硃砂、八卦太極符、招財符、五雷化煞符、茉草、大悲淨水、宇宙法能量等加持製作而成。
2.太極八卦陶土風鈴是以【後天八卦】、【金、水、木、火、土五行】、【太極】的道理，配合當今天運下元走艮卦八運土運；經風吹動太極、八卦、五行等所屬的陶土撞擊，產生化煞符、招財符、八卦太極符、茉草、大悲淨水、宇宙法一起發出的聲音能量、磁場。可催動八運旺運、旺財，避邪、阻擋陰煞。
3.功能：掛於進出門、收銀台上方，可催動八運之旺運『財運』，避邪、阻擋陰煞。※掛於廚房近火爐上方，常搖動發出聲音，可制煞、招財、防火災。（因為火生土，土可洩火氣之能量。）※容易受陰煞干擾，容易受驚嚇之大人、小孩，不容易入睡者等，可掛於其房間，因硃砂、八卦太極符、五雷化煞符、招財符、茉草、大悲淨水、宇宙法等一起發出的能量，可定神、招財、安魂魄、化97、79火煞、二黑五黃之重土陰煞。
4.前四十年來天運走六白、七赤之金運；日本人幾乎家家戶戶（尤其是商店）都掛金屬風鈴，不但可招財，還可化二黑病符煞、五黃災煞。但是現在走八運，所以要掛「陶土風鈴」。

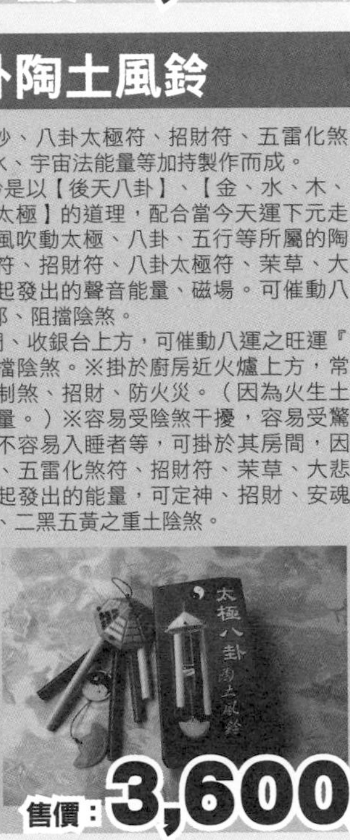

售價：3,600元

開運、五行、能量、淨身美容皂

宏壹居士根據五行（木、火、土、金、水）所屬蔬菜水果、　茉草、芙蓉等天然植物；加上大悲淨水、宇宙能量　加持，純天然手工製成的美容皂。無人工香精色不刺激。

如去過醫院、喪禮、墳場、殯儀館、山上、森林、荒野外等較陰的地方，或者以上職場業者、房仲業、摩、美髮者需要經常淨身，補充自己被消耗的能量（小孩易受驚嚇者）更需要使用。經常使用更能滋養膚、避邪、淨身、增強能量。
開運五行淨身美容皂成分：五行蔬果：椰子、小黃……等五種對滋養皮膚的五行蔬果。
茉草、芙蓉：一般常用的避邪、淨身植物。
大悲淨水、宇宙法能量：避邪、安定元神、加持能量。

一方面洗除穢氣，安定元神，一方面加持能量，自然開運。

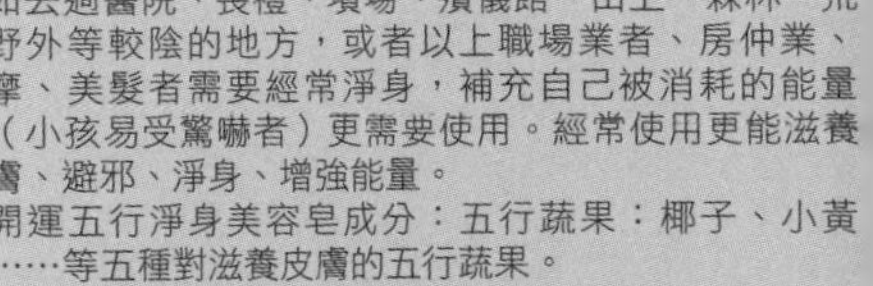

（一套6個）售價：2,400

專線：02-2795-3656 賴小姐　地址：台北市內湖區舊宗路二段121巷28號4

國家圖書館出版品預行編目資料

一看就懂！大師開運祕術／宏壹居士著
－－第一版－－ 臺北市：知青頻道出版；
紅螞蟻圖書發行，2010.08
面　　公分－－(Easy Quick；104)
ISBN 978-986-6276-26-2（平裝）

1.改運法 2.易經

295.7　　99013481

Easy Quick 104

一看就懂！大師開運祕術

作　　者／宏壹居士
美術構成／Chris' office
校　　對／楊安妮、周英嬌、宏壹居士
發 行 人／賴秀珍
榮譽總監／張錦基
總 編 輯／何南輝
出　　版／知青頻道出版有限公司
發　　行／紅螞蟻圖書有限公司
地　　址／台北市內湖區舊宗路二段121巷28號4F
網　　站／www.e-redant.com
郵撥帳號／1604621-1　紅螞蟻圖書有限公司
電　　話／(02)2795-3656（代表號）
傳　　眞／(02)2795-4100
登 記 證／局版北市業字第796號
港澳總經銷／和平圖書有限公司
地　　址／香港柴灣嘉業街12號百樂門大廈17F
電　　話／(852)2804-6687
法律顧問／許晏賓律師
印 刷 廠／鴻運彩色印刷有限公司
出版日期／2010年 8 月　第一版第一刷

定價 250 元　港幣 83 元

ISBN 978-986-6276-26-2　　Printed in Taiwan